STARK

INTERPRETATIONEN ENGLISCH

F. Scott Fitzgerald

The Great Gatsby

Interpretiert von
Dieter Ulm

STARK

Bildnachweis
Umschlag: © Cinetext/Allstar/Warner Bros.
S. 3: © Getty Images/Hulton Archive
S. 48: © Swisshippo/Dreamstime.com
S. 52: © Sean Pavone/Dreamstime.com
S. 74: © Cinetext/Allstar/Warner Bros.

ISBN 978-3-86668-033-3

www.stark-verlag.de
1. Auflage 2010

Inhalt

Autor: Dieter Ulm

Vorwort

Liebe Schülerinnen, liebe Schüler,

diese Interpretationshilfe ermöglicht Ihnen ein vertieftes Verständnis von F. Scott Fitzgeralds Roman *The Great Gatsby* und unterstützt Sie bei der Lektüre wie auch bei der Vorbereitung auf Unterricht und Klausuren.

Der erste Abschnitt informiert über die **Biografie des Autors** und die Entstehung seiner Werke. Eine ausführliche **Inhaltsangabe** hilft Ihnen, das Romangeschehen zu überschauen und hebt wichtige Einzelheiten hervor. Das Kapitel **Textanalyse und Interpretation** enthält Charakterisierungen der Personen, Analysen von Form, Erzählstruktur, Sprache und Symbolik, eine Darstellung der Thematik, sowie Interpretationen von Schlüsselstellen. Im letzten Teil werden **Verfilmungen** des Romans behandelt, wobei vor allem die 1974 entstandene Hollywoodproduktion mit Robert Redford sowie die Filmversion aus dem Jahr 2013 mit Leonardo DiCaprio als Jay Gatsby genauer untersucht werden. Hinweise auf **weiterführende Literatur** schließen das Buch ab. Hier finden Sie auch Angaben zur benutzten Textausgabe und zur zitierten Sekundärliteratur.

Ich wünsche Ihnen viel Freude und Erfolg bei der Beschäftigung mit einem der bedeutendsten amerikanischen Romane.

Dieter Ulm

Dieter Ulm

Einführung

The Great Gatsby gilt als Meilenstein in der Geschichte der modernen amerikanischen Literatur. Fitzgeralds Roman markiert den Anfang einer neuen Epoche nach dem Ersten Weltkrieg. T. S. Eliot, einer der einflussreichsten anglo-amerikanischen Schriftsteller und Kritiker der ersten Jahrhunderthälfte, bemerkt in einem Brief an den Autor, das Buch habe ihn stärker beeindruckt als irgendein anderer zeitgenössischer Roman, und obwohl seitdem mehr als 80 Jahre vergangen sind, hat Gatsbys Geschichte nichts von ihrer Wirkung eingebüßt.

Fitzgerald zeichnet ein faszinierendes Bild der 1920er-Jahre. Zu diesem Zweck entwickelt er einen virtuosen Sprach- und Erzählstil, der beispielgebend für viele große Erzähler nach ihm geworden ist. Mit außergewöhnlicher Brillanz schildert er eine dekadente, vom Streben nach Reichtum und Zerstreuung beherrschte Gesellschaft. Jay Gatsby, die Titelfigur, ist in ihr ein Außenseiter, ein Mann, der es aus ärmlichen Verhältnissen heraus zu enormem Luxus gebracht hat, gleichzeitig damit aber ein ganz anderes, fantastisches Ziel verfolgt und auf symbolische Weise das Thema des Buches verkörpert, den Zerfall des amerikanischen Traums.

Der Roman zeichnet sich durch eine spannende Handlung, interessante Charaktere, raschen Szenenwechsel und atmosphärisch dichte Stimmungsschilderungen aus. Was ihm darüber hinaus ein besonderes Gepräge verleiht, ist seine Vieldeutigkeit. Wie bei großen literarischen Werken nicht selten, entzieht sich der Text an manchen Stellen einer eindeutigen Auslegung. Das mystische Halbdunkel, das oft gerade über den entscheidenden Textpassagen liegt, gehört zu den charakteristischen Gestaltungsmerkmalen. Nick Carraway, der Erzähler, spricht im Namen des Autors, wenn er im folgenden Beispiel die „Unsagbarkeit" dessen, worauf es eigentlich ankommt, thematisiert:

> *Through all he [Gatsby] said [...] I was reminded of something – an elusive rhythm, a fragment of lost words, that I had heard somewhere a long time ago. For a moment a phrase tried to take shape in my mouth and my lips parted like a dumb man's [...] But they made no sound and what I had almost remembered was uncommunicable forever. (S. 150)*

Die vorliegende Interpretation zielt nicht auf eine Erfassung des Romans in seiner ganzen Breite, sondern beschränkt sich auf einige wesentliche Teilbereiche. Dazu gehört neben Stil, Symbolik und Erzählstrategie vor allem die gesellschaftskritische Perspektive. Was die Romanfiguren umtreibt, enthält den Schlüssel zu einem Komplex von Widersprüchen, die nicht nur für das Selbstverständnis Amerikas in Vergangenheit und Gegenwart, sondern die gesamte westliche Zivilisation bedeutsam sind. Im Übrigen findet der Leser auf den folgenden Seiten zu vielen Einzelheiten Hinweise, die ihn sicherlich zur weitergehenden Beschäftigung mit einem herausragenden Beispiel amerikanischer Erzählkunst anregen werden.

Fitzgeralds Leben und Werke

Bei kaum einem anderen Autor sind Leben und Werk so eng miteinander verknüpft wie bei Fitzgerald. Seine Biografie liest sich wie ein Kommentar zu seiner schriftstellerischen Produktion und diese spiegelt die Erfahrungen und Sehnsüchte seines Lebens wider, eines Lebens voller Höhen und Tiefen, Licht und Schatten.

Francis Scott Key Fitzgerald wurde am 24. September 1896 in St. Paul, Minnesota, geboren. Der Vater, Edward Fitzgerald, entstammte einer altamerikanischen, ursprünglich in Maryland ansässigen Familie; die Mutter, Mollie McQuillan, war Tochter eines irischen Einwanderers, der es in St. Paul als Geschäftsmann zu einigem Wohlstand gebracht hatte.

Als Edwards Bemühungen, eine Möbelfabrik zu gründen, scheiterten, versuchte er, als Vertreter einer Waschmittelfirma im Staat New York Fuß zu fassen. Er verlor jedoch bald seine Stellung und kehrte mit der Familie nach St. Paul zurück, wo die Fitzgeralds sich vom Vermögen der Mutter einen gutbürgerlichen Lebensstil leisten konnten.

Hier besuchte Scott zunächst die *St. Paul Academy,* eine private Knabenschule, und wechselte im September 1911 auf eines der führenden katholischen Internate, die *Newman School* in Hackensack, New Jersey. Obwohl seine Leistungen durchweg unter dem Durchschnitt lagen, gelang ihm 1913 der Übertritt in die Universität Princeton, die mit Harvard und Yale zu den *Big Three,* den drei herausragenden Universitäten des Ostens, gehörte. Ohne ein konkretes Studienziel zu haben und von dem recht schulmäßigen Curriculum abgestoßen, engagierte sich Scott vor allem im *Triangle Club,* einer der Studentenvereinigungen, die neben dem Sport die Hauptrolle im gesellschaftlichen Leben der Universität spielten. Bei den Musicalaufführungen dieses Clubs tat er sich als Textdichter und Darsteller hervor. Weniger erfolgreich verlief seine akademische Laufbahn. Er musste wegen einer nicht bestandenen Prüfung auf einen Studienabschluss verzichten. Auch seine Liebesaffäre mit Ginevra King, einer umworbenen Schönheit aus reichem Hause, endete mit einer Abweisung Fitzgeralds wegen seiner Mittellosigkeit.

In Europa war 1914 der Erste Weltkrieg ausgebrochen. Die Vereinigten Staaten traten 1917 in den Krieg ein und Scott entschloss sich, Soldat zu werden, in der romantischen Hoffnung, als Kriegsheld Ruhm und Ansehen zu gewinnen. Während der Ausbildung in Montgomery, Alabama, lernte er die attraktive Zelda Sayre kennen, Tochter eines Richters am Obersten Staatsgericht, und verliebte sich in sie. Nach dem Krieg ging er nach New York und arbeitete bei einer Werbefirma, um zu Geld zu kommen und Zelda heiraten zu können.

Inzwischen hatte er einen Erstlingsroman verfasst, bisher aber keinen Verleger gefunden. Nach einer gründlichen Überarbeitung erschien das Werk im März 1920 unter dem Titel *This Side of Paradise* im Scribner Verlag, New York. Es ist die Geschichte von Amory Blaine, seiner Kindheit und Jugend einschließlich seiner Studienzeit in Princeton, und gipfelt in einer unglücklichen Liebesbeziehung. Der Roman wurde gleich nach seinem Erscheinen zu einem beachtlichen Verkaufserfolg. Schon einen Monat später, im April 1920, schlossen Scott und Zelda die Ehe. Sie ließen sich in New York nieder und wurden in kurzer Zeit zum Mittelpunkt der tonangebenden Gesellschaft.

Im Sommer 1921 unternahmen die Fitzgeralds ihre erste Europareise und kehrten anschließend nach St. Paul zurück, wo im

Oktober ihre Tochter Frances Scott, genannt Scottie, geboren wurde. Ein zweiter Roman, *The Beautiful and Damned,* war Anfang der 20er-Jahre fertig geworden und wurde zunächst in Fortsetzungen im *Metropolitan Magazine* und später auch in Buchform veröffentlicht. Die Lebensgeschichte von Antony Patch, einem wohlerzogenen jungen Intellektuellen, der sein Leben durch Trunksucht ruiniert, fand zwar Beachtung, war aber nicht der große Publikumserfolg, mit dem der Autor gerechnet hatte.

Im Oktober 1922 zog die Familie nach Great Neck, Long Island, das, in West Egg umbenannt, auch der Wohnort Gatsbys werden sollte. Fitzgeralds Einkünfte wuchsen ständig, vor allem durch die Veröffentlichung von unterhaltsamen Kurzgeschichten in Zeitschriften wie der *Saturday Evening Post,* die hohe Honorare zahlten. Sein Lebensziel war jedoch, durch einen bedeutenden zeitkritischen Roman eine Spitzenposition innerhalb der amerikanischen Literatur zu erringen. Erste Ansätze zu diesem Werk, das einige Jahre später unter dem Titel *The Great Gatsby* erscheinen sollte, finden sich in den sogenannten *Cluster Stories* wie *The Diamond as Big as the Ritz* (1922), *Winter Dreams* (1922), *Absolution* (1924) und *The Sensible Thing* (1924).

Durch einen regen gesellschaftlichen Verkehr wurde Fitzgerald immer wieder an der Ausführung seines ehrgeizigen Plans gehindert. Um den ständigen Ablenkungen in Long Island und New York City zu entgehen, zog er sich im Sommer 1924 mit Zelda und Scottie an die französische Riviera zurück. In Valescure bei Saint Raphael schrieb er von Juni bis Oktober den größten Teil von *Gatsby* nieder. Allerdings blieb auch dieser Aufenthalt nicht lange ungestört. Man schloss neue Freundschaften und Zelda ließ sich auf eine Affäre mit einem französischen Marinepiloten ein, wodurch die Ehe in eine erste schwere Krise geriet.

Den Winter 1924/25 verbrachte das Paar in Rom. Hier unterzog Fitzgerald den Roman nach Vorschlägen seines Freundes und Verlagslektors Maxwell Perkins einer gründlichen Überarbeitung. In einer vom Verlag noch einmal nachgebesserten Fassung erschien *Gatsby* im April 1925 bei Scribners. Die meisten Kritiker erkannten das außergewöhnliche Niveau des Werks an, aber der Verkaufserfolg blieb hinter Fitzgeralds hochgespannten Erwartungen zurück. Erst eine Bühnenfassung und der 1926 fertiggestellte Stummfilm sorgten für angemessene Einnahmen.

In Paris, wo sich nach dem Ersten Weltkrieg ein Kreis amerikanischer Schriftsteller um die Literatin Getrude Stein gebildet hatte, nahm Fitzgerald Kontakt zu Hemingway auf. Trotz mancher Spannungen entwickelte sich zwischen ihnen eine lebenslange Freundschaft. Beide Autoren gelten als führende Vertreter der sogenannten *Lost Generation,* die in den 1920er-Jahren die amerikanische Erzählkunst prägte. Dagegen machten Scotts zunehmende Alkoholabhängigkeit und Zeldas exzentrisches Benehmen die Fitzgeralds in ihrem Bekanntenkreis mehr und mehr zu Außenseitern. Er neigte in alkoholisiertem Zustand zu Gewalttätigkeiten, und sie war für ihre Eifersuchtsszenen berüchtigt.

Ende 1926 nach Amerika zurückgekehrt, arbeitete Fitzgerald an einem lange geplanten groß angelegten Roman. Um seinen aufwendigen Lebensstil finanzieren zu können, musste er jedoch weiterhin Kurzerzählungen für Magazine schreiben. Obwohl er zu den am meisten verdienenden Autoren seiner Zeit gehörte, überstiegen die Ausgaben ständig die Einkünfte, sodass er auf Vorschüsse und Kredite angewiesen war. Hinzu kamen gesundheitliche Probleme und eheliche Auseinandersetzungen.

Bei einem Aufenthalt in Paris im Jahre 1928 hatte Zelda begonnen, Ballettunterricht zu nehmen. Sie setzte ihren ganzen Ehrgeiz daran, eine professionelle Tänzerin zu werden, und arbeitete bis zur völligen Erschöpfung an ihrer Karriere. Im April 1930 erlitt sie einen schweren Nervenzusammenbruch. Es folgte eine kostspielige Behandlung in einer Nervenklinik am Genfer See. Im Herbst 1931 kehrten die Fitzgeralds nach Montgomery,

Zeldas Heimat, zurück. Wenige Monate später hatte sie einen Rückfall und wurde in die Universitätsklinik von Baltimore gebracht. Hier beendete sie einen autobiografischen Roman, der 1932 unter dem Titel *Save Me the Waltz* erschien. Ihre zweifellos vorhandene literarische Begabung und ihre schriftstellerischen Pläne führten zu neuen ehelichen Streitigkeiten, da Scott befürchtete, sie könne ihm Material für seinen noch nicht vollendeten großen Roman vorwegnehmen.

Dieses 1934 erschienene Werk mit dem Titel *Tender is the Night* beruht auf autobiografischen Erlebnissen des Autors im Frankreich der 20er-Jahre. Im Mittelpunkt steht der amerikanische Psychiater Dick Diver. Er lernt während seiner Studienzeit in der Schweiz die sechzehnjährige Nicole Warren kennen. Sie ist von ihrem Vater, einem Chicagoer Multimillionär, als Kind sexuell missbraucht worden und leidet seitdem an Schizophrenie. Diver besucht sie mehrfach in einer Klinik am Zürichsee und heiratet sie schließlich. Anfangs lebt das Paar mit seinen beiden Kindern als glückliche, von Freunden und Bekannten bewunderte Familie an der Riviera, bis Dick sich in eine junge Hollywoodschauspielerin verliebt. Die Ehe gerät in eine Krise und wird nach fünf Jahren geschieden. Nicole heiratet einen ihrer früheren Verehrer und Dick endet als gescheiterter Arzt und Alkoholiker in einer amerikanischen Kleinstadt. Der Roman gilt allgemein neben *Gatsby* als Fitzgeralds bedeutendste literarische Leistung, weist aber einige durch die jahrelangen Um- und Überarbeitungen bedingte Schwächen auf, z. B. mangelnde atmosphärische Geschlossenheit. Die Kritiken fielen unterschiedlich aus und das Buch war zu Lebzeiten des Autors kein Publikumserfolg.

Mitte der 30er-Jahre war Fitzgeralds Karriere praktisch beendet. Seine Bücher wurden kaum noch gekauft und sein Name war so gut wie vergessen. Teils infolge der seit dem Börsenkrach von 1929 herrschenden Wirtschaftskrise, teils wegen nachlassender Qualität seiner Produktion waren seine Einnahmen auf einen Tiefststand gesunken. Zur Alkoholabhängigkeit kamen andere gesundheitliche Probleme hinzu. Fitzgerald war starker Raucher und litt an Lungentuberkulose und einer Herzkrankheit. Auch die fortdauernde Ehekrise trug zu seiner psychischen und physischen Zerrüttung bei.

Im Sommer 1937 bot ihm die Filmgesellschaft Metro-Goldwyn-Mayer einen lukrativen Vertrag als Drehbuchautor an. Dies erforderte seine ständige Anwesenheit in Hollywood, feste Arbeitszeiten in einem Büro und Kooperation mit anderen Filmautoren. Obwohl ihm solche Arbeitsbedingungen keineswegs zusagten, erfüllte er seine Verpflichtungen so lange, bis er mit dem verdienten Geld seine Schulden zurückzahlen konnte. Eine ursprünglich vorgesehene Vertragsverlängerung kam jedoch nicht zustande.

In Kalifornien ging Fitzgerald eine bis zu seinem Tod andauernde Beziehung zu der englischen Journalistin Sheilah Graham ein. In den letzten Lebensjahren arbeitete er freiberuflich für die Filmindustrie. Am 21. Dezember 1940 erlitt er in Sheilah Grahams Wohnung in Hollywood einen tödlichen Herzinfarkt. Ein letzter, 1939 begonnener Roman, *The Last Tycoon*, erschien als Fragment 1941. Er handelt vom Leben des Filmmagnaten Monroe Stahr und gilt als einer der besten Hollywoodromane. Zelda überlebte ihren Mann um etwa sieben Jahre. Sie starb am 10. März 1948 bei einem Brand im *Highland Hospital,* Asheville, North Carolina.

Schon bald nach Fitzgeralds Tod mehrten sich die Anzeichen, dass er keinesfalls zu Amerikas vergessenen Autoren gehören würde. Seiner Wiederentdeckung in der Nachkriegszeit folgte ab den 60er-Jahren eine Phase zunehmender Wertschätzung. Bis 1990 hatte Scribners mindestens 12 Millionen Exemplare seiner Werke verkauft. Die inzwischen erschienene Sekundärliteratur ist kaum noch überschaubar. Google weist unter „Scott Fitzgerald“ eine in die Millionen gehende Zahl von Fundstellen aus.

Dabei nimmt *The Great Gatsby* unter den fünf Romanen und etwa 160 kürzeren Erzählungen eine Sonderstellung ein. Antiquarische Ausgaben von *Gatsby* gehören zu den begehrtesten Sammlerobjekten des Buchmarktes.

Nach Matthew J. Bruccoli (1931–2008), einem der renommiertesten Fitzgerald-Experten, ist *Gatsby* „the most widely taught and widely read American literary classic." (*A Literary Reference,* S. vii) Über die Bedeutung Fitzgeralds insgesamt fällte er folgendes Urteil: „[He] is now permanently placed with the greatest writers who ever lived, where he wanted to be all along. Where he belongs." (*Some Sort of Epic Grandeur,* S. 588)

Inhaltsangabe

Kapitel 1

Nick Carraway, der Ich-Erzähler, ist in seine Heimat im Mittelwesten zurückgekehrt. Zwei Jahre vor Beginn seiner Aufzeichnungen hat er einige Monate an der Ostküste verbracht und dort Menschen kennengelernt und Erfahrungen gesammelt, über die er nun berichten möchte. Nick stammt aus einer mittelständischen Familie, hat in Yale studiert und am Ersten Weltkrieg teilgenommen. Nach Kriegsende beschließt er, nach New York zu ziehen und mit Börsengeschäften sein Geld zu verdienen.

Auf Long Island mietet er im Frühsommer 1922 ein einfaches Haus in West Egg. Sein Nachbar, ein gewisser Gatsby, besitzt dort eine palastartige, von einem Park umgebene Villa. Auf der anderen Seite der Meeresbucht, West Egg gegenüber, liegen die weißen Landhäuser von East Egg, der vornehmeren der beiden zu Long Island gehörenden Halbinseln.

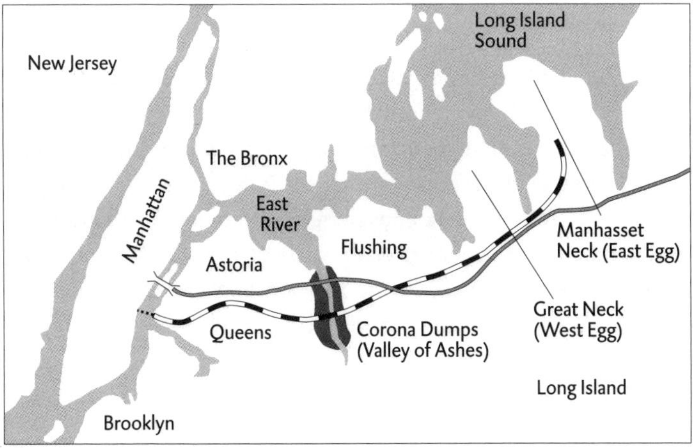

An einem heißen Nachmittag fährt Nick hinüber, um seine Cousine Daisy und ihren Mann Tom Buchanan zu besuchen. Tom kennt er flüchtig aus der gemeinsamen Studienzeit in Yale, hat ihn und Daisy aber seither aus den Augen verloren. Als er ihn jetzt wiedertrifft, macht Tom einen arroganten Eindruck auf ihn. Daisy und ihre Freundin Jordan Baker findet er im Salon. Die beiden Frauen scheinen sich zu langweilen. Daisy wirkt überspannt und flatterhaft. Jordan gibt sich als blasierte Dame von Welt. Nick glaubt, irgendwo ein Foto von ihr gesehen zu haben. Später fällt ihm ein, dass sie eine bekannte Golfspielerin ist.

Während des Dinners traktiert Tom die Runde mit angelesenen politischen Thesen, wonach die nordische Rasse vom Aufstand der farbigen Völker bedroht ist. Dann wird er zum Telefon gerufen und Daisy entfernt sich ebenfalls für einen Augenblick. Jordan versucht, Toms Gespräch zu belauschen, und vertraut Nick an, es handele sich dabei um eine Liebesaffäre.

Nach dem Essen sitzen Nick und Daisy auf der Veranda und plaudern. Sie deutet an, nicht besonders glücklich zu sein. Ihre kleine Tochter scheint ihr nicht viel zu bedeuten. Sie erinnert sich, bei der Geburt geweint zu haben, als man ihr sagte, dass das Baby ein Mädchen sei. Nick ist von ihrer melodischen Stimme fasziniert, zweifelt aber an der Aufrichtigkeit ihrer Worte und empfindet ihr Benehmen als Pose. Auf dem Heimweg fühlt er sich verstimmt. Toms Überheblichkeit und Daisys Überspanntheit haben einen unangenehmen Eindruck bei ihm hinterlassen.

Zu Hause geht er noch einmal in den Garten und sieht im Mondlicht Gatsbys Gestalt aus dem Schatten der Villa heraustreten. Gerade als er ihn ansprechen will, streckt Gatsby mit einer sehnsüchtigen Geste die Arme in Richtung der Bucht aus, wo am jenseitigen Ufer ein einsames grünes Licht einen Landungssteg markiert.

Kapitel 2

An einem Sonntag treffen sich Nick und Tom zufällig im Zug nach New York. Unterwegs kommen sie durch eine vom Erzähler als „valley of ashes“ bezeichnete trostlose Gegend, wo sich riesige Aschenberge häufen und gigantische Staubwolken die Luft verdunkeln. Am Straßenrand steht das überdimensionale Reklameschild eines Augenarztes. Hinter mächtigen Brillengläsern zeigt es den starren Blick von Doctor T. J. Eckleburg. Als der Zug hier hält, besteht Tom darauf, auszusteigen und Nick mit seiner Geliebten bekannt zu machen. Er führt ihn zu einer Tankstelle, wo er mit George Wilson, dem Besitzer, ein paar Worte wechselt. Dann stellt er Nick dessen Frau Myrtle vor, eine etwas füllige, sinnlich wirkende Mittdreißigerin, und verabredet mit ihr für den Nachmittag ein Rendezvous in New York. Mit dem nächsten Zug fahren Nick, Tom und Myrtle weiter nach Manhattan. Ein Taxi bringt sie vom Bahnhof zu einem ziemlich geschmacklos eingerichteten Apartment, das Tom offenbar für Myrtle gemietet hat.

Eine Reihe eilig herbeigerufener Gäste trifft ein, darunter Catherine, Myrtles Schwester, und Mr und Mrs McKee aus der unteren Etage. Im Laufe dieses Nachmittags betrinkt sich Nick zum zweiten Mal in seinem Leben und kann sich später nicht mehr genau an Einzelheiten erinnern. Er weiß noch, dass Myrtles Benehmen immer affektierter wird. Sie trägt jetzt ein cremefarbenes Chiffonkleid und bewegt sich mit gespielter Grandezza, als sei sie eine große Dame.

Die Party nimmt allmählich chaotische Züge an. Gegen Mitternacht kommt es zu einem Streit zwischen Tom und Myrtle. Er hat ihr verboten, Daisys Namen auszusprechen. Sie widersetzt sich ihm, er schlägt sie ins Gesicht und bricht ihr das Nasenbein. Gegen vier Uhr früh findet sich Nick auf einem Bahnsteig der Pennsylvania Station wieder und fährt mit dem nächsten Zug nach Hause.

Kapitel 3

Nick beschreibt die verschwenderischen Sommerfeste, die regelmäßig auf Gatsbys Grundstück gefeiert werden. Von morgens bis abends reißt der Strom der Gäste nicht ab. Ein Heer von Lieferanten und Bediensteten ist ständig im Einsatz. Orchester spielen, bunte Lampen machen die Nacht zum Tage, Unterhaltungskünstler treten auf und überall wimmelt es von lachenden, schwatzenden und tanzenden Menschen.

Auch Nick wird zu einer dieser Partys eingeladen. Er kommt sich in der Menge etwas verloren vor, bis er auf Jordan Baker trifft und sich ihr anschließt. Gatsby selbst ist nirgends zu entdecken. Kaum jemand scheint ihn persönlich zu kennen. Stattdessen kursieren wilde Gerüchte über ihn. Er soll jemanden umgebracht haben, heißt es, andere halten ihn für einen ehemaligen deutschen Spion. Auf der Suche nach ihm geraten Nick und Jordan in eine aus England importierte altertümliche Bibliothek. Hier treffen sie auf einen beleibten Mann, der eine gewaltige Hornbrille trägt und sich nicht genug wundern kann, dass in den Regalen keine Attrappen, sondern echte Bücher stehen.

Im Garten unterhält sich Nick dann mit einem eleganten Herrn in seinem Alter. Nachdem sie ein paar Worte gewechselt haben, stellt sich zu seiner Überraschung heraus, dass er Gatsby vor sich hat. Nick ist beeindruckt von der Freundlichkeit des jungen Mannes, bemerkt aber auch eine gewisse Zurückhaltung in seinem Benehmen. Einige Zeit danach lässt Gatsby Jordan zu einer vertraulichen Unterredung zu sich bitten. Nick wandert allein zwischen den Gästen umher und beobachtet das immer ausgelassener werdende Treiben.

In den frühen Morgenstunden geht die Party allmählich zu Ende. Auf dem Heimweg kommt Nick an einem im Straßengraben liegenden Automobil vorbei. Einer der Insassen ist der bebrillte Mann aus der Bibliothek. Dem Auto fehlt ein Rad, aber Fahrer und Beifahrer scheinen unverletzt zu sein. Bevor er zu Bett geht, blickt Nick noch einmal zu Gatsbys Haus hinüber, wo sich die einsame Gestalt des in der Vorhalle stehenden Besitzers gegen den Nachthimmel abzeichnet.

Am Schluss des Kapitels berichtet Nick von seiner täglichen Arbeit in der City und seinen Lebensgewohnheiten. Die Abende verbringt er meist im *Yale Club* oder schlendert durch die Straßen. Manhattan regt seine Fantasie an, lässt ihn aber auch seine Einsamkeit spüren. Mehrfach trifft er sich mit Jordan. Sie wirkt auf ihn anziehend und abstoßend zugleich. Nach und nach entdeckt er, was ihn an ihr stört. Sie ist von Natur aus unehrlich und immer auf ihren Vorteil bedacht. Er erinnert sich an eines ihrer ersten Golfturniere, bei dem es beinahe einen Skandal gegeben hätte, weil sie beschuldigt wurde, einen Betrugsversuch vertuscht zu haben.

Kapitel 4

Nick sind weitere Gerüchte über Gatsby zu Ohren gekommen. Danach soll er ein Neffe Hindenburgs und Alkoholschmuggler sein. Es folgt eine lange Aufzählung von Namen, die Nick sich in einem alten Kursbuch notiert hat. Diese Liste von Partygästen Gatsbys gibt Aufschluss über das zwielichtige Milieu seines Bekanntenkreises. Darunter befinden sich sowohl bekannte Medienstars und einflussreiche Politiker als auch zweifelhafte Spekulanten.

Eines Morgens lädt Gatsby seinen Nachbarn zu einer Autofahrt nach New York ein. Er scheint etwas nervös und erzählt von seiner Jugend als Sohn reicher Eltern im Mittelwesten, seinen Weltreisen, seiner Teilnahme am Krieg und seinem Studium in Oxford. Obwohl er einen Tapferkeitsorden und ein Foto aus seiner Studienzeit vorweist, hat Nick das Gefühl, dass er nicht die ganze Wahrheit sagt.

Während des Mittagessens in einem Kellerlokal in Manhattan stellt Gatsby Nick seinen Geschäftspartner Meyer Wolfshiem vor, einen älteren, breitnasigen Mann offensichtlich jüdischer Abstammung. Wolfshiem erwähnt gesprächsweise, er sei Augenzeuge der Erschießung von Rosy Rosenthal gewesen. Außerdem erfährt Nick von Gatsby, Wolfshiem habe den Ausgang der Baseballmeisterschaften von 1919 manipuliert und dabei viel Geld gewonnen. Beide Ereignisse sind authentisch und erregten seinerzeit großes Aufsehen. Bevor sie das Lokal verlassen, taucht zufällig Tom Buchanan auf und Nick macht ihn mit Gatsby bekannt. Dieser zeigt plötzlich Anzeichen von Unsicherheit und ist mit einem Mal verschwunden.

Am Nachmittag trifft sich Nick mit Jordan Baker im Plaza Hotel. Von ihr erfährt er, dass Daisy Fay, wie sie damals hieß, und Jay Gatsby vor fünf Jahren in Louisville, Daisys Heimatstadt, ein Liebespaar waren. Kurz danach sei Gatsby als junger Offizier nach Europa abkommandiert worden. Einige Monate nach Kriegsende heiratete Daisy den aus einer vermögenden Chicagoer Familie stammenden Tom Buchanan. Jordan war Brautjungfer und erinnert sich, Daisy am Tage vor ihrer Hochzeit hysterisch weinend und völlig betrunken angetroffen zu haben, wie sie einen Brief von Gatsby in der Hand hielt. Nur mit Mühe konnte sie dazu gebracht werden, die Vermählung über sich ergehen zu lassen. Bald darauf wurde ihre Tochter geboren und obwohl die Ehe anfangs glücklich zu sein schien, gab es schon frühzeitig Hinweise, dass Tom sie mit anderen Frauen betrog.

Von Jordan erfährt Nick auch, dass Gatsby sein Landhaus gekauft hat, um in Daisys Nähe zu sein. Nick ist von Gatsbys hartnäckigen Bemühungen, Daisy zurückzugewinnen, beeindruckt. Als Jordan ihn in Gatsbys Auftrag bittet, ein scheinbar zufälliges Zusammentreffen mit Daisy zu arrangieren, stimmt er zu. Bei einer anschließenden Kutschfahrt im Central Park kommen sich Nick und Jordan näher. Er fühlt sich trotz seiner Vorbehalte zu ihr hingezogen, schließt sie in die Arme und küsst sie.

Kapitel 5

Als Nick am Abend nach Hause zurückkehrt, findet er Gatsbys Villa hell erleuchtet vor. Offenbar hat Gatsby auf ihn gewartet. Nick schlägt ein Treffen mit Daisy in seinem Hause vor und Gatsby bietet ihm dafür eine einträgliche Nebenbeschäftigung an, ein Angebot, das Nick als taktlos empfindet und ablehnt. Am nächsten Morgen ruft er Daisy an und lädt sie zum Tee zu sich ein.

An dem verabredeten Nachmittag erscheint Gatsby viel zu früh. Er ist sehr nervös und kann seine Aufregung kaum verbergen. Als er schließlich Daisy gegenübersteht, weiß er nicht, was er sagen soll. Beide sind verlegen und wechseln nur ein paar nichtssagende Worte. Nick geht rücksichtsvollerweise in den Garten hinaus, wo er eine halbe Stunde im Regen wartet und Gatsbys Haus betrachtet.

Als er das Zimmer wieder betritt, hat sich die Stimmung verändert. Die beiden sitzen einträchtig auf dem Sofa und blicken einander unverwandt an. Daisy hat Tränen der Rührung in den Augen und Gatsby strahlt vor Glück. Voller Stolz lädt er Daisy und Nick zu einer Besichtigung seiner Villa ein. Zuerst führt er sie durch den Garten und die Repräsentationsräume im Erdgeschoss, dann in die Schlafzimmer, Ankleideräume und Bäder. In einem davon überraschen sie Klipspringer, einen jungen Mann im Schlafanzug, der gerade gymnastische Übungen macht. Gatsby wendet keinen Blick von Daisy. Er freut sich an der Begeisterung, mit der sie die luxuriöse Einrichtung bestaunt. Als er ihr seine in England maßgeschneiderten Anzüge vorführt und schließlich stapelweise kostbare Hemden vor ihr ausbreitet, ist sie vollkommen überwältigt und beginnt heftig zu weinen.

Wenig später sitzen sie im Salon und lassen sich von Klipspringer Schlagermelodien auf dem Klavier vorspielen. Bevor Nick sich dezent zurückzieht, entdeckt er auf Gatsbys Gesicht einen Ausdruck der Verwirrung, so als könne er nicht glauben, das große Glück gefunden zu haben. Nick bezweifelt in diesem Moment, ob Daisy wirklich den übersteigerten Erwartungen Gatsbys entspricht.

Kapitel 6

In einem Einschub enthüllt Nick, was er später über Gatsbys Vergangenheit herausgefunden hat. James Gatz, wie er ursprünglich hieß, wuchs in bescheidenen Verhältnissen auf einer Farm in North Dakota auf. Bis zu seinem 17. Lebensjahr versuchte er vergeblich, seine Träume von einer großen Zukunft in die Wirklichkeit umzusetzen. Als Strandläufer und Muschelsucher am Lake Superior beobachtete er eines Tages, wie Dan Cody, der legendäre Multimillionär, seine Yacht an einer gefährlichen Stelle ankern ließ. Gatz ruderte hinaus und machte ihn auf den drohenden Schiffbruch aufmerksam. Von diesem Tag an begleitete er Cody als dessen rechte Hand und umsegelte während der nächsten Jahre dreimal Nord- und Südamerika. Als Cody starb, hinterließ er dem jungen Mann eine beachtliche Geldsumme, die allerdings in einem Prozess gegen Codys Geliebte wieder verloren ging. Immerhin hatten die Jahre mit Cody aus dem unerfahrenen James Gatz den weltgewandten Jay Gatsby gemacht.

Nach einer Pause von mehreren Wochen besucht Nick seinen Nachbarn und trifft dort auf Tom Buchanan und ein Ehepaar, die anscheinend zufällig an Gatsbys Haus vorbeigekommen sind. Gatsby bewirtet seine Gäste mit ausgesuchter Höflichkeit, wird jedoch von ihnen ziemlich herablassend behandelt. Eine Woche später erscheinen Tom und Daisy zu einer von Gatsbys Gartenpartys. Daisy ist fasziniert von der exotischen Atmosphäre, fühlt sich aber zugleich vom vulgären Benehmen vieler Gäste abgestoßen. Bevor sie die Party verlassen, macht Tom abfällige Bemerkungen über Gatsbys Reichtum und bezweifelt, dass er sein Geld auf ehrliche Weise erworben habe.

Spät am Abend führt Gatsby noch ein vertrauliches Gespräch mit Nick. Er ist niedergeschlagen, weil er glaubt, Daisy sei von der Party enttäuscht gewesen. Überhaupt scheint es zwischen ihm und Daisy Meinungsverschiedenheiten gegeben zu haben. Er verlangt von ihr, sie solle sich von Tom trennen und nach Louisville zurückkehren. Dort will er bei ihren Eltern um ihre Hand anhalten. Nick versucht ihm klarzumachen, dass man die Vergangenheit nicht wiederholen könne. Gatsby widerspricht heftig. Aus seiner Antwort wird die gleichsam religiöse Überzeugung deutlich, mit der er an Daisys Liebe glaubt.

Kapitel 7

Gatsbys Haus liegt plötzlich wie ausgestorben da. Man hört, er habe sein gesamtes Personal entlassen und durch ein paar von Wolfshiems Leuten ersetzt. Von ihm selbst erfährt Nick bald den Grund für die Veränderung: Gatsby möchte mit Daisy allein sein.

An einem brütend heißen Sommertag sind Nick, Gatsby und Jordan Baker bei den Buchanans zum Lunch eingeladen. Es liegt eine nervöse Spannung in der Luft, als sie bei ihren Gastgebern eintreffen. Ein Kindermädchen bringt Daisys kleine Tochter Pammy herein. Gatsby ist vom Anblick des Kindes überrascht, so als habe er an dessen Existenz niemals recht glauben können. Daisy zeigt das Kind wie ein wertvolles Schmuckstück vor, ehe es von der Nurse wieder hinausgeführt wird.

Während des Essens beobachtet Tom, wie Gatsby und Daisy verständnisinnige Blicke tauschen. In diesem Moment wird ihm klar, dass er in Gatsby einen Rivalen hat. Innerlich wütend stimmt er Daisys Vorschlag zu, den Nachmittag in New York zu verbringen. Er besteht darauf, mit Gatsbys Wagen zu fahren. Nick und Jordan sitzen neben ihm, Gatsby folgt mit Daisy in Toms Coupé.

Unterwegs macht Tom seinem Ärger über Gatsby Luft. Er hat Erkundigungen über ihn eingeholt und verdächtigt ihn, ein

Schwindler zu sein. Vor Wilsons Autowerkstatt hält er an, um zu tanken. Wilson macht einen erschöpften Eindruck. Er erinnert Tom an ein geschäftliches Versprechen. Er brauche dringend Geld, denn er habe beschlossen, mit Myrtle in eine andere Gegend zu ziehen. Vermutlich hat er herausgefunden, dass seine Frau eine Affäre hat, scheint aber nicht zu wissen, wer ihr Liebhaber ist. Für Nick hat die Szene etwas Bedrohliches, zumal er am Fenster über der Werkstatt Myrtles Gestalt entdeckt und den eifersüchtigen Gesichtsausdruck wahrnimmt, mit dem sie Jordan Baker anstarrt. Offenbar hält sie Jordan für Toms Frau.

Im Plaza Hotel trifft die Gruppe wieder mit Gatsby und Daisy zusammen. Alle leiden unter der unerträglichen Hitze in dem schwülen Hotelzimmer. Es dauert nicht lange und Tom eröffnet die Auseinandersetzung. Gatsby rechtfertigt sich und sagt, Daisy habe immer nur ihn geliebt. Damals in Louisville habe lediglich seine Mittellosigkeit einer Heirat im Weg gestanden. Er besteht darauf, Daisy wolle Tom verlassen, denn sie könne nur mit ihm, Gatsby, glücklich sein. Daisy, deren Nerven zum Zerreißen gespannt sind, ist von der Situation überfordert. Sie beschwört Gatsby, sie jetzt nicht zu einer Entscheidung zu zwingen. Tom spielt seine Trumpfkarte aus und bezeichnet Gatsby als Alkoholschmuggler, der mit Wolfshiem und anderen in kriminelle Machenschaften verwickelt sei.

Da er sich inzwischen seines Sieges sicher ist, lässt er Daisy großmütig mit Gatsby nach Hause fahren. Er selbst folgt etwas später mit Nick und Jordan in seinem eigenen Wagen. Als die drei an Wilsons Tankstelle ankommen, bemerken sie dort einen Menschenauflauf. Wilsons Nachbar Michaelis berichtet später, was geschehen ist. Wilson habe an diesem Nachmittag völlig erschöpft gewirkt und ihm erklärt, er wolle mit seiner Frau in den Westen ziehen. Am Abend habe es dann einen heftigen Streit zwischen den Eheleuten gegeben. Myrtle sei plötzlich auf die halbdunkle Straße gelaufen und von einem vorbeirasenden Auto überfahren worden. Sie habe furchtbar ausgesehen und müsse sofort tot gewesen sein.

Nachdem sie sich einen Weg durch die Menge gebahnt haben, finden Tom, Nick und Jordan in der Werkstatt den völlig verzweifelten Wilson über Myrtles Leiche gebeugt vor. Ein Polizist befragt die Umherstehenden nach dem Unfallhergang. Dabei stellt sich heraus, dass es Gatsbys auffallend gelbes Auto war, das Myrtle erfasst hat und ohne anzuhalten davongefahren ist. Bei den Buchanans angekommen, verabschiedet sich Nick rasch von Tom und Jordan. Im Garten vor Toms Haus findet er Gatsby und erfährt von ihm, dass Daisy am Steuer saß, als der Unfall geschah. Gatsby möchte jedoch nicht, dass dies bekannt wird, und ist bereit, die Schuld auf sich zu nehmen. Nick rät ihm, nach Hause zu gehen, aber Gatsby will die Nacht in Daisys Nähe verbringen, um sie gegebenenfalls vor Tom beschützen zu können. Nick wirft durch einen Vorhangspalt am Fenster einen Blick in die Küche der Buchanans und sieht Tom und Daisy einträchtig am Tisch sitzen. Er hat den Eindruck, als heckten sie gemeinsam einen Plan aus.

Kapitel 8

Nach einer unruhigen Nacht voller Albträume geht Nick in aller Frühe zu Gatsby hinüber. Dieser hat bis vier Uhr morgens vor Daisys Haus gewacht. Jetzt ist er übermüdet und niedergeschlagen. Nick beschließt, bei ihm zu bleiben und ihm in der verlassenen Villa Gesellschaft zu leisten.

Gatsby erzählt, wie er Daisy kennengelernt und ihre Zuneigung gewonnen hat. Ihre Herkunft und der Lebensstil ihres Elternhauses machten sie zunächst für ihn unerreichbar. Mit seiner Uniform und durch sein gewandtes Auftreten verschaffte er sich dennoch Zugang zu ihr. Daisy hielt ihn für einen erfolgreichen jungen Mann aus gutem Hause, verliebte sich in ihn und erlag schließlich seinem Charme. Als Gatsby von ihr Abschied nehmen und in den Krieg ziehen musste, glaubten beide, einander auf immer verbunden zu sein. Für ihn war sie das Ziel seiner Gralssuche nach dem Glück geworden.

Während des Krieges bewährte sich Gatsby als mutiger Soldat und wurde rasch befördert. Als Anerkennung für seine Tapferkeit erhielt er nach dem Waffenstillstand das Angebot, in Oxford studieren zu dürfen. Daisy lebte unterdessen in einer Welt der Vergnügungen und wurde von Männern umschwärmt. Als der reiche, athletische und selbstsichere Tom Buchanan auftauchte, war sie leicht zu einer Heirat zu bewegen.

Nick frühstückt mit Gatsby und verabschiedet sich dann von ihm. Er fährt in die City zu seinem Büro, kann sich jedoch nicht auf die Arbeit konzentrieren, sondern beschließt, am frühen Nachmittag wieder nach West Egg zurückzukehren. Inzwischen hat sich die Menschenmenge vor Wilsons Tankstelle verlaufen. Michaelis ist die Nacht über bei dem völlig verstörten Mann geblieben und hat versucht, ihn zu beruhigen. Wilson ist überzeugt, dass ihr Liebhaber seine Frau getötet hat, und sagt, er habe Mittel herauszufinden, wer der Fahrer des gelben Wagens gewesen sei. Nachdem Michaelis am Morgen nach Hause gegangen ist, macht sich Wilson zu Fuß auf die Suche nach dem Auto und seinem Besitzer.

Gatsby hat den ganzen Morgen vergeblich auf einen Anruf von Daisy gewartet. Am frühen Nachmittag begibt er sich mit einer Luftmatratze zu seinem Pool. Nick fährt vom Bahnhof direkt zu Gatsbys Haus. Dort eilt er mit dem Butler, dem Chauffeur und dem Gärtner zum Becken und findet Gatsby, der tot auf der Matratze im Wasser treibt. Etwas abseits im Gras liegt die Leiche Wilsons.

Kapitel 9
Außer der Polizei und zahlreichen Reportern scheint sich niemand um den ermordeten Gatsby kümmern zu wollen und so fühlt sich Nick verantwortlich, für ein angemessenes Begräbnis zu sorgen. Daisy und Tom sind nicht zu erreichen, Wolfshiem lässt sich verleugnen und Klipspringer hat angeblich eine Verabredung. Ein mysteriöser Anrufer aus Chicago legt sofort wieder auf, als er von Gatsbys Tod erfährt.

Ein paar Tage später taucht überraschend ein etwas hilflos wirkender alter Mann auf, der sich als Gatsbys Vater zu erkennen gibt. Nick lässt ihn mit dem Toten eine Weile allein, bevor er ihn in einem der vielen Gästezimmer unterbringt. Mr Gatz ist von der Pracht des Hauses beeindruckt. Voller Stolz auf seinen Sohn zeigt er Nick ein Buch aus Gatsbys Jugend, in das dieser einen Tagesplan und seine guten Vorsätze eingetragen hat. Für den Vater beweist die Liste, mit welcher beispielhaften Selbstdisziplin der Junge an seinem Erfolg gearbeitet hat.

Am Morgen der Beisetzung fährt Nick nach New York, um wenigstens Wolfshiem zur Teilnahme an der Beerdigung zu bewegen. Seine Bemühungen sind jedoch vergeblich. Am Nachmittag findet sich außer ein paar Bediensteten, dem Postboten, Mr Gatz, Nick und dem Pfarrer niemand sonst auf dem Friedhof ein. Im letzten Augenblick taucht noch der Mann mit der Hornbrille auf, der vormals Gatsbys Bibliothek bewundert hatte. Weder von Daisy noch irgendeinem der vielen Partygäste ist ein Blumengruß oder ein ähnliches Zeichen der Anteilnahme zu entdecken.

Mit Gatsbys Tod geht für Nick ein Lebensabschnitt zu Ende. Seine Gedanken wandern zurück in die Schulzeit. Jedes Mal, wenn er zu Beginn der Weihnachtsferien von New York aus mit dem Zug nach Hause fuhr, pflegte ihn beim Anblick der schneebedeckten Felder von Wisconsin ein Gefühl der Zugehörigkeit zu dieser Landschaft und ihren Menschen zu erfassen. Damals fühlte er sich auch von New York und der Ostküste angezogen, jetzt aber wirkt die Gegend um West Egg wie ein unheimlicher Spuk auf ihn.

Bevor er New York verlässt, trifft er sich noch einmal mit Jordan Baker. Sie teilt ihm mit, sie sei von ihm enttäuscht und habe sich mit einem anderen Mann verlobt. Nick bezweifelt ihre Aufrichtigkeit und nimmt halb ärgerlich, halb noch immer in sie verliebt Abschied.

Es ist Herbst geworden, als er auf der Fifth Avenue zufällig Tom Buchanan begegnet. Er stellt ihn zur Rede und fragt, was er an jenem Tag, an dem Gatsby starb, zu Wilson gesagt habe. Tom gibt zu, dass Wilson bei ihm gewesen sei und er ihm Gatsbys Namen genannt habe. Er meint, Gatsby habe sein Schicksal verdient. Nick ist fassungslos über so viel Selbstgerechtigkeit und verabschiedet sich, ohne etwas zu erwidern.

Am Vorabend seiner Abreise geht er noch einmal zu Gatsbys verlassenem Haus hinüber. Ein kleiner Junge hat ein unanständiges Wort auf die Eingangstreppe gekritzelt und Nick wischt es fort. Vom Strand aus blickt er über die im Mondlicht liegende Meeresbucht. In Gedanken sieht er die Küste vor sich, wie sie den holländischen Seefahrern erschienen sein muss, als sie hier vor 300 Jahren an Land gingen: ein blühendes Wunder, das die Erfüllung aller Träume der Menschheit zu versprechen schien. Auch in Gatsby lebte die Sehnsucht nach dem großen Glück. Er sah sein Ziel zum Greifen nahe vor sich und war doch so weit davon entfernt.

Textanalyse und Interpretation

1 Personen

Nick Carraway nimmt im Roman mehrere wichtige Funktionen wahr, die nicht immer scharf voneinander abzugrenzen sind. Als Ich-Erzähler ist er Beobachter und Kommentator, aber auch Mithandelnder und Vertrauter Gatsbys und anderer Romanfiguren. Dies macht ihn zu einem komplexen und bisweilen widersprüchlichen Charakter.

Bereits seine Eingangsstatements sind einigermaßen verwirrend. Einerseits betont er seine neutrale Rolle, wenn er von sich behauptet: „I'm inclined to reserve all judgements." (S. 5) Gleichzeitig bekennt er sich aber zu festen moralischen Werten. Er betont seine Herkunft aus einer traditionsgebundenen Mittelstandsfamilie und deutet seine Verachtung gegenüber dem dekadenten Lebensstil des Ostens an. Entsprechend zwiespältig fällt seine Beurteilung Gatsbys aus, „who represented everything for which I have an unaffected scorn." (S. 6 f.) Andererseits ist er von seiner „heightened sensitivity to the promises of life" beeindruckt und schätzt an ihm „an extraordinary gift for hope." (S. 7)

Wie für Gatsby bedeutet auch für Nick der Krieg einen entscheidenden Einschnitt. Als er nach Kriegsende nach Hause kommt, scheint ihm die bürgerliche Welt, in der er aufgewachsen ist, zu eng geworden zu sein: „Instead of being the warm center of the world the middle-west now seemed like the ragged edge of the universe – so I decided to go east and learn the bond business." (S. 8) Der Zufall führt ihn nach West Egg und lässt ihn Gatsbys Nachbar werden. Schon bald fühlt er sich hier heimisch. Die Umgebung, der Lebensstil der Ostküste und seine Arbeit in der City, alles scheint ihm interessant und reizvoll. Wie in einer stimmungsvollen Filmszene wird er von Frühlingsgefühlen erfasst: „And so with the sunshine and the great bursts of leaves growing on the trees – just as things grow in fast movies – I had that familiar conviction that life was beginning over again with the summer." (S. 10)

Nicks Motive, seine Heimat zu verlassen und mit Börsengeschäften sein Geld zu verdienen, entspringen keineswegs nur dem Wunsch, möglichst schnell reich zu werden. Vielmehr ist er auf der Suche nach einem neuen Lebensinhalt. Er kauft zwar ein paar Fachbücher, um sich über das Finanzwesen zu informieren, betont jedoch, dass sein eigentliches Interesse der schönen Literatur gilt: „And I had the high intention of reading many other books besides. I was rather literary in college [...] and now I was going to bring back all such things into my life and become again that most limited of all specialists, the 'well-rounded' man." (S. 10) Geld interessiert ihn nur insoweit, als es ihm ermöglicht, seinen literarischen und sonstigen Neigungen ungestört nachzugehen.

Durch die Begegnung mit Gatsby und die nachfolgenden Ereignisse nimmt sein Leben jedoch eine unerwartete Wendung. Je besser er seinen Nachbarn kennenlernt, desto größer wird seine Sympathie. Gleichzeitig wächst die Abneigung, die er für Tom Buchanan und seine Clique empfindet. Die Faszination, die von Gatsby ausgeht, beruht größtenteils darauf, dass Nick sich allmählich einer inneren Verwandtschaft bewusst wird. Seine positive Einschätzung Gatsbys resultiert aus der Anerkennung der idealistischen Kompromisslosigkeit, mit der dieser seinen Lebenstraum zu verwirklichen sucht. Zunächst nimmt er nur eine Seite von Gatsbys Doppelleben wahr, die des Hochstaplers, den er verachtet. Dann aber wird ihm klar, dass Gatsby, wie er selbst, auf der Suche nach einer das Materielle transzendierenden Idee ist. Auch Nick ist im Grunde eine romantische Natur. Im Gegensatz zu Gatsby verfügt er freilich über genügend Realitätssinn, um zu erkennen, dass die Kluft zwischen Ideal und Wirklichkeit unüberbrückbar bleibt. Dennoch schätzt er Gatsbys Lebensentwurf höher ein als den oberflächlichen Materialismus, der das Leben der Buchanans und ihrer Freunde bestimmt. Als er sich am Morgen vor Gatsbys Tod verabschiedet, ruft er ihm noch zu: „They're a rotten crowd [...] You're worth the whole damn bunch put together." (S. 200)

Gatsbys Scheitern an der Realität führt schließlich dazu, dass Nicks optimistische Zukunftserwartungen am Ende des Romans verflogen sind. Enttäuscht kehrt er New York den Rücken und wendet sich wieder seiner mittelwestlichen Provinzheimat zu. Seine Enttäuschung erwächst aus der Einsicht, dass die durch Menschen wie Tom und Daisy repräsentierte moralisch korrupte Oberschicht unangreifbar ist. Er wird mit der Nachtseite des glänzenden gesellschaftlichen Lebens bekannt, und fühlt sich schließlich von der anfangs so verheißungsvoll erscheinenden Ostküste abgestoßen. „Gatsby turned out all right at the end", lautet sein Fazit, „it is what preyed on Gatsby, what foul dust floated in the wake of his dreams that temporarily closed out my interest in the abortive sorrows and short-winded elations of men." (S. 7) Dieser „foul dust" ist es, was Gatsbys Träume zunichtemacht und Nick generell an den „fundamental decencies" (S. 6) der Menschen zweifeln lässt.

Jay Gatsbys Lebenslauf gleicht der archetypischen amerikanischen Geschichte des armen Jungen, der es mit Energie und Geschicklichkeit zum Millionär bringt. Die Liste der guten Vorsätze, die der kleine James Gatz verfasst hat und die sein Vater voller Stolz präsentiert, ist die Parodie eines ähnlichen Selbsterziehungsprogramms aus Benjamin Franklins zum nationalen Klassiker gewordener Autobiografie. Auch Gatsbys Weg zum Erfolg erscheint in einem parodistisch-ironischen Licht, denn es ist nicht ehrliche Arbeit, die ihn reich gemacht hat, sondern eine kriminelle Karriere.

Der Autor lässt seinen Erzähler und damit den Leser Schritt für Schritt mit der Titelfigur vertraut werden. Zunächst ist diese von einem schemenhaften Halbdunkel umgeben. Gatsby ist bekannt für seine extravaganten Partys, aber niemand weiß etwas Genaues über ihn selbst. Für Nick klingen seine Angaben zu Herkunft und Bildungsgang wenig glaubwürdig. Erst gegen Ende erfahren wir wahrheitsgemäße Einzelheiten über seine Vergangenheit. Was seine Geldgeschäfte und den Erwerb seines sagenhaften Vermögens betrifft, bleibt es jedoch bei vagen Andeutungen.

Sich in Gatsbys Charakter hineinzuversetzen, ist nicht einfach. Zu viele Widersprüche scheinen in seinem Wesen vereint zu sein. So ist es nur schwer vorstellbar, dass ein derart sensibler Mann eine zentrale Position im Dschungel der Unterwelt innehat. Andererseits hat er als Soldat Führungsqualitäten an den Tag gelegt, die dies nicht ganz unmöglich erscheinen lassen. Charakterstärke beweist Gatsby auch bei der konsequenten Verfolgung seines Lebensziels und der Verwirklichung seines Selbstbildes. Er hat sich eine überdimensionale soziale Rolle geschaffen, in der Schein und Sein dicht beieinander liegen. Sein Lebensstil ist eine fast schon groteske Übertreibung von typischen Attributen des englischen Hochadels. Dazu gehören Landsitz und Park, Butler, Dienerschaft, Studium in Oxford, eine kostbare Bibliothek, ein Musikzimmer, in England maßgeschneiderte Kleidung usw. Auch sein zurückhaltendes Auftreten und seine Redeweise, besonders die ständig gebrauchte Anredefloskel „old sport“, sind offensichtlich Manierismen aus seiner Studienzeit. Ob die von Daisy bewunderte „coolness“ („You always look so cool“, S. 158) zu seiner Maske gehört oder tatsächlich Teil seines Charakters ist, lässt sich nur schwer entscheiden.

Ganz sicher hat Gatsby Eigenschaften, die ihn zu einem wirklichen Gentleman prädestinieren. Dazu gehören Charme, Höflichkeit, Großzügigkeit und die Fähigkeit zu echter Freundschaft, wie er sie Nick gegenüber beweist. Nick ist der einzige Mensch, dem er sich öffnet, als er merkt, dass dieser ihn versteht. Im Übrigen ist er trotz des regen Zuspruchs zu seinen Partys und trotz seiner geschäftlichen Kontakte eine einsame Gestalt. Das Bild des Mannes, der im Mondlicht auf der Terrasse seines Hauses steht und die Hand sehnsüchtig nach dem grünen Licht ausstreckt, drückt Einsamkeit in einer Welt oberflächlicher Vergnügungen und eines kruden Materialismus aus.

Nick und auch dem Leser entgeht natürlich nicht, dass Gatsby an mangelndem Realitätssinn leidet und seine Idealvorstellungen nur durch ein hohes Maß von Selbsttäuschung aufrechterhalten kann. Im Grunde seines Wesens ist er eine weltfremde Natur, ein naiver Idealist, der auf fast kindliche Art darauf vertraut, durch Geld und Luxusgüter Daisys Liebe gewinnen zu können. Mit unerschütterlicher Beharrlichkeit hält er an diesem Ziel fest, das für ihn eine quasi religiöse Bedeutung hat und die letzte Erfüllung seines Daseins bedeutet.

Tom Buchanan ist die Gegenfigur zu Gatsby. Er verkörpert die in den Ostküstenstaaten herrschende Geldaristokratie. Seinen schier unerschöpflichen Reichtum hat er sich nicht selbst erarbeitet, sondern von seinen Vorfahren, einer Chicagoer Industriellendynastie, geerbt. Sein Geld und seine Herkunft sichern ihm Einfluss und Ansehen. Einem Mann, der ihr ein Hochzeitsgeschenk im Wert von 350 000 Dollar macht, kann Daisy schwerlich widerstehen.

Äußerlich beeindruckt Tom durch seine athletische Figur. Nick erinnert sich besonders an seine sportlichen Erfolge als prominenter Footballstar. Inzwischen ist er als Polospieler anerkannt und besitzt einen eigenen Reitstall. Als Nick ihn wieder trifft, erwähnt er Toms enorme Körperkraft („a cruel body“, S. 15) und ein Auftreten, das womöglich noch arroganter geworden ist, als es damals in Yale schon war.

Charakterlich ist Tom ein rücksichtsloser Egoist. Dass Recht und Moral immer nur auf seiner Seite sind, ist für ihn selbstverständlich. An Gatsbys Tod mitschuldig zu sein, nimmt er billigend in Kauf: „That fellow had it coming to him.“ (S. 231) Sein eigenes ehebrecherisches Verhältnis mit Myrtle sieht er als völlig gerechtfertigt an. Mit einem primitiven Besitzerstolz besteht er darauf, Nick mit seiner Geliebten bekannt zu machen. Schon unmittelbar nach der Heirat hat er Daisy mit dem Zimmermädchen eines Hotels betrogen und auch später ständig Affären mit anderen Frauen gehabt.

Das weibliche Geschlecht als grundsätzlich unterlegen zu betrachten, gehört für Tom zum männlichen Selbstverständnis. Myrtle gegenüber neigt er zu aggressivem Verhalten, das gelegentlich in Gewalttätigkeit ausartet. Als sie sich ihm widersetzt, bricht er ihr mit einem Handkantenschlag das Nasenbein. Seine Frau behandelt er nachsichtig, solange sie sich seinem Willen fügt. Gegen Menschen anderer Hautfarbe hat er Vorurteile. Die pseudowissenschaftlichen rassistischen Ansichten, die er beim Dinner mit Nick zum Besten gibt, sind typisch für ihn und die großbürgerlich-konservative Gesellschaftsschicht, der er angehört.

Für den Erzähler sind Tom und Daisy „careless people“ (S. 231), verantwortungslose Menschen, die mit dem Leben anderer spielen. Nach Fitzgeralds Verständnis dessen, was einstmals Amerikas wahre Werte ausmachte und was er in seiner Zeit schmerzlich vermisst, sind Charaktere wie Tom Beispiele dafür, dass der amerikanische Traum in seiner ursprünglichen Bedeutung in Vergessenheit zu geraten droht. Sie verfügen zwar über Reichtum und Macht, haben aber kein soziales Gewissen.

Daisy Fay/Buchanan und ihre Freundin Jordan Baker repräsentieren einen neuen Frauentyp, der sich durch selbstbewusstes Benehmen von traditionellen weiblichen Rollenvorstellungen distanziert. Sie umgeben sich mit einem Hauch modischer Exklusivität und wirken anziehend auf die Männerwelt. Ihre bewusst zur Schau gestellte Unabhängigkeit drückt sich etwa in Jordans sportlicher Karriere oder Daisys unbegrenztem Zugriff auf luxuriöse Konsumgüter aus. Allerdings verfügen sie nicht über eigenes Einkommen, sondern sind von männlicher Großzügigkeit abhängig.

Daisy stammt aus einer vornehmen Südstaatenfamilie und wurde als attraktive Schönheit schon in jungen Jahren von Verehrern umschwärmt. Sie besitzt einen besonderen Charme, der vor allem von ihrer Stimme ausgeht. „... there was an excitement in her voice that men who had cared for her found difficult to forget", sagt Nick von ihr. (S. 18) Dagegen missfällt ihm ihre manierierte Selbstdarstellung. Beim ersten Besuch gibt sie sich den Anschein eines gedankenschweren Lebensüberdrusses: „You see I think everything's terrible anyhow [...] I've been everywhere and seen everything and done everything [...] Sophisticated – God, I'm sophisticated." Und Nick kommentiert: „I felt the basic insincerity of what she had said." (S. 29)

Wenn Daisy von sich behauptet: „... I'm pretty cynical about everything" (S. 28), so trifft dies nur bedingt zu. In Wahrheit ist sie eine empfindsame und romantische Natur – Eigenschaften, die sie mit Gatsby gemeinsam hat. Freilich bleibt ihre Gefühlswelt an der Oberfläche und reicht zu keinem Zeitpunkt an die visionäre Intensität heran, mit der Gatsby sie verehrt. Sein unermüdliches Bemühen um ihre Liebe schmeichelt ihrem Selbstgefühl, wird aber im Grunde von ihr weder verstanden noch erwidert.

Während ihrer Bekanntschaft mit Gatsby in Louisville verliebt sie sich in ihn, aber als er nach Kriegsende nicht zu ihr zurückkehrt, verblassen ihre Gefühle allmählich. Andere Liebhaber bemühen sich um sie und Gatsby gerät in Vergessenheit. Als dann der reiche und attraktive Tom Buchanan um ihre Hand anhält, nutzt sie die Gelegenheit und heiratet ihn. Durch Gatsbys Brief kommt es am Vorabend der Hochzeit noch einmal zu einer Krise. Sie wirft das teure Hochzeitsgeschenk in den Papierkorb und erklärt, sie habe es sich anders überlegt. Da sie jedoch vollständig betrunken ist und ihre Entscheidung außerdem zu spät kommt, bleibt der Vorfall ohne Auswirkungen. Immerhin zeigt ihre Reaktion auf den Brief, dass sie lieber Gatsby als Tom geheiratet hätte. Zweifellos steht sie dem gefühlvollen Gatsby wesensmäßig näher als dem unromantischen Tom.

Obwohl es, wie Daisy in der Plaza-Hotel-Auseinandersetzung einräumt, in ihrer Beziehung auch glückliche Momente gegeben hat, ist ihre Ehe mit Tom ohne jede tiefere Bindung und beruht lediglich auf dem Festhalten an gesellschaftlichen Konventionen. Daisy ist zu schwach, um auf eigenen Füßen zu stehen. Sie hat nicht die Kraft, ihren Mann zu verlassen. Eine Zukunft mit Gatsby wäre für sie ein sozialer Abstieg. Tom seinerseits betrachtet seine Frau als Teil seines Besitzes und fürchtet die Reaktion der Gesellschaft auf eine Scheidung, die zur damaligen Zeit, zumal wenn sie durch einen Ehebruch ausgelöst war, in gehobenen Kreisen als anstößig galt.

Jordan Baker, Daisys Jugendfreundin und Vertraute, ist eine knabenhaft wirkende junge Frau, „a slender, small-breasted girl with an erect carriage [...] like a young cadet" (S. 20), deren Verhältnis zu Daisy eine lesbische Komponente vermuten lässt. Ihre aufreizende Lässigkeit gehört zur Rolle der überlegenen Dame von Welt, mit der sie ihre Umgebung beeindrucken möchte. Sportliche Erfolge als Golfspielerin und eine Vorliebe für schnelle Autos – die Automarken Jordan und Baker sind bewusst gewählte sprechende Namen *(telling names)* – machen sie zum Prototyp einer neuen Weiblichkeit.

Moralisch entpuppt sie sich als zweifelhafter Charakter. Nick, der sich anfangs zu ihr hingezogen fühlt, stellt bald fest, dass sie „incurably dishonest" ist (S. 83) und belegt dies mit einigen Beispielen. Den Skandal, den sie durch einen Betrugsversuch beim Golfspielen verursacht haben soll, kennt er nur vom Hörensagen, aber er selbst ist Zeuge, dass sie einen geliehenen Wagen mit offenem Verdeck im Regen stehen lässt und dies später leugnet. Mit Tom und Daisy teilt sie die Sorglosigkeit von Menschen, die jede Verantwortung von sich weisen und nur auf ihren eigenen Vorteil bedacht sind. Jordan ist dennoch eine Kontrastfigur zu Daisy, denn sie steht dem Leben ohne sentimentale Anwandlungen gegenüber. Ihre gefühlsarme und zugleich egoistische Wesensart veranlasst Nick, sich schließlich von ihr zu distanzieren und ihr für immer Lebewohl zu sagen.

George Wilson gehört zu den Verlierern in einer Welt, die den Wert eines Menschen nach dem Wert seines Besitzes bemisst. Ohne finanzielle Mittel ist er chancenlos, obwohl er als Weißer angelsächsischer Herkunft eigentlich einer privilegierten Gruppe zugerechnet werden kann. Lebensangst und Unsicherheit bestimmen ihn für eine Opferrolle. Er wird zum Außenseiter und Sündenbock, dem die Buchanans die alleinige Verantwortung für den Mord an Gatsby aufladen können.

Seine heruntergekommene Behausung im Aschental spiegelt die Perspektivlosigkeit seines Lebens. Auslöser seines Untergangs ist die Untreue seiner Frau und ihr daraus folgender schrecklicher Tod. Die Schilderungen des Schmerzes, den er angesichts ihres verstümmelten Körpers empfindet, gehören zu den vollendetsten Szenen des Romans. Wie in einem Albtraum steht er am Fenster seiner Werkstatt und blickt zu Doctor Eckleburg auf, als erwarte er von ihm ein Urteil über die Ungerechtigkeit der Welt.

Myrtle Wilson verachtet ihren Mann, weil er in ihren Augen ein Schwächling ist, der es zu nichts gebracht hat. Sie beherrscht ihn durch ihre sinnliche Vitalität. „He was his wife's man and not his own", sagt Michaelis von ihm. (S. 180) Myrtles Ambitionen sind auf eine Verbindung mit Tom Buchanan gerichtet, von der sie sich eine Fluchtmöglichkeit aus dem elenden Leben im Aschental erhofft. In ihrer Beschränktheit erkennt sie nicht, dass Tom sie nur als Sexualobjekt benutzt, um von ihr zu bekommen, was ihm Daisy nicht geben kann oder will. Myrtles lächerliche Versuche, mit Toms Hilfe in die Kreise der Reichen und Mächtigen aufzusteigen, machen sie in seinen Augen zunehmend zu einer Belastung. Durch seine Skrupellosigkeit gerät sie schließlich wie ihr Mann in eine ausweglose Situation.

Catherine, ihre Schwester, fristet ihr Leben, indem sie sich von vermögenden Liebhabern aushalten lässt. Allerdings ist sie raffinierter als Myrtle. Sie durchschaut das Spiel, das andere mit ihr treiben wollen, und kennt die Regeln. Ihre falsche eidliche Aussage bei der gerichtlichen Untersuchung von Wilsons bzw. Gatsbys Tod verhindert, dass die Wahrheit ans Licht kommt und bewahrt Tom und Daisy vor einem Skandal. Davon, dass die beiden nunmehr erpressbar geworden sind, verspricht sie sich möglicherweise eine bessere Zukunft.

Meyer Wolfshiem ist eine von mehreren Nebenfiguren, die dem Roman sein unverwechselbares Zeitkolorit verleihen. Er entspricht dem antisemitischen Klischee des gerissenen jüdischen Geschäftemachers, der die staatlichen Ordnungshüter an der Nase herumführt. Sein Aussehen und sein Charakter, sein jiddischer Akzent und seine dunkle Vergangenheit umgeben Gatsbys geheimnisvolle berufliche Verbindungen mit einer abenteuerlichen und kriminellen Atmosphäre.

Ewing Klipspringer ist ein krasses Beispiel für die vielen Bekannten und Partygäste, die Gatsbys Großzügigkeit ausnutzen. Als ständiger Logiergast hat er sich in dessen Haus niedergelassen. Nach Gatsbys Tod ist er plötzlich verschwunden. Im Gegensatz zu Owl Eyes, dem Mann mit der riesigen Hornbrille, besitzt er nicht den Anstand, zu Gatsbys Beerdigung zu erscheinen, sondern macht im Telefongespräch mit Nick eine fadenscheinige Ausrede geltend. **Owl Eyes** dagegen ist, obwohl er nur eine winzige Nebenrolle spielt, eine der sympathischsten Gestalten des Romans. Mit den Worten: „The poor son-of-a-bitch" (S. 226) macht er seiner Empörung Luft, dass nicht einer der vielen Gäste bei Gatsbys Begräbnis anwesend ist, und fasst zugleich die Tragik der Hauptfigur auf seine Weise zusammen. **Mr Gatz**, ein altersschwacher, einfacher Mann vom Lande, der den Erfolg seines Sohnes bewundert, ohne zu ahnen, wie es dazu gekommen ist, bleibt schließlich neben Nick und dem Mann mit der Brille der Einzige, dem Gatsbys Tod nahegeht.

Fitzgeralds **Namensgebung** ist eine fantasievolle Mischung aus Charakterisierung und Hinweisen auf ethnische Herkunft und gesellschaftliche Stellung. Angelsächsische bzw. schottische Namen deuten meist einen hohen Sozialstatus an, während deutsch-jüdische Namen ihre Träger oft als eher zwielichtige Gestalten erscheinen lassen.

Buchanan	schottisch-altamerikanisch. Ein James Buchanan war von 1857 bis 1861 Präsident der USA. Er gilt als Gegner der Sklavenbefreiung.
Carraway	schottisch-altamerikanisch. Nick führt seine Abstammung auf ein schottisches Adelsgeschlecht zurück. (S. 7 f.)
Daisy Fay	englisch, Blumenname (*daisy* = Gänseblümchen), bzw. poetische Bezeichnung für *fairy* (Fee)
Jordan Baker	englisch, Automarken
George Wilson	englisch, Allerweltsnamen
Gatz, Gatsby	deutsch-jüdisch, ursprünglich Katz, anglisiert durch die Endung -by
Meyer Wolfshiem	deutsch-jüdisch, sprechender Name, aus Wolf und Heim zusammengesetzt. Die Schreibung -hiem statt -heim ist möglicherweise auf eine bei Fitzgerald vermutete Legasthenie zurückzuführen.

Die **Gästeliste** (S. 85 ff.) verdeutlicht die bunte soziale Vielfalt von Gatsbys gesellschaftlichen Kontakten. Sie enthält neben zahlreichen englischen und deutschen Namen u. a. irische, französische, italienisch-spanische und holländische Beispiele. Die sprechenden Namen charakterisieren ihre Träger häufig als unsympathisch, z. B. durch Tierbezeichnungen wie *Leech* (Blutegel), *Civet* (Raubkatze), *Ferret* (Frettchen), *Hammerhead* (Hammerhai) oder *Beluga* (Weißwal).

Namensgebung

2 Form und Erzählstruktur

In einem häufig zitierten Essay mit dem Titel *Fire and Freshness* (1985) hat der amerikanische Schriftsteller und Literaturwissenschaftler George Garrett die These aufgestellt, dass die anhaltende Wertschätzung *Gatsbys* als eines literarischen Meisterwerks in erster Linie auf Fitzgeralds innovativer Erzähltechnik beruht. Am Ende seiner Ausführungen kommt Garrett zu folgendem Ergebnis:

> *Thus, behind its seemingly bland and polite surface,* Gatsby *is, in many ways, a wildly experimental novel, a trying out of what would become familiar, if more varied, strategies of our serious literature and, especially, of the range of our literary language. (Literary Masterpieces, S. 143)*

Fitzgerald war sich durchaus bewusst, mit diesem Roman literarisches Neuland zu betreten. In zahlreichen Selbstzeugnissen hat er sich über Möglichkeiten und Zielsetzungen seines Experiments Gedanken gemacht. Zum Beispiel heißt es in einem Brief an seinen Freund und Verleger Maxwell Perkins: „I want to write something *new* – something extraordinary and beautiful and simple and intricately patterned." (*Some Sort of Epic Grandeur*, S. 198) Immer wieder äußert er sich auch über literarische Vorbilder, von denen er bestimmte Techniken zu übernehmen und weiterzuentwickeln hoffte. Die Konzeption eines teils in das Geschehen einbezogenen, teils am Rande stehenden Ich-Erzählers geht auf Beispiele zurück, die er Joseph Conrads Romanen verdankt.

Im Hinblick auf die **Erzählstruktur** ist Nick Carraway der wichtigste Charakter des Romans. Von allen Personen verfügt er allein über die Möglichkeit zur Interpretation und Introspektion. Er versteht die Motive der anderen und deutet sie auf seine Weise. Dabei sind seine Kommentare oft auf den Augenblick bezogen und daher meist nicht als abschließend zu betrachten. Als Leser können wir nie sicher sein, ob ein Urteil endgültig ist oder nur vorläufig gilt. So verändert sich seine Haltung Gatsby gegenüber im Verlauf der Ereignisse grundlegend. Auch die Frage, inwieweit der Erzähler die Ansichten des Autors wiedergibt, ist nicht eindeutig zu entscheiden.

Der Vorzug einer solchen Erzählfigur liegt in der Flexibilität ihrer Rolle. Nicks Stellung innerhalb des Romans ermöglicht einen ständigen **Perspektivwechsel**. Gatsbys Geschichte wird in mehrere Einzelteile aufgebrochen und diskontinuierlich aus verschiedenen Blickwinkeln dargeboten. Diese vom Autor virtuos gehandhabte Technik wirkt zwar auf den heutigen Leser nicht besonders spektakulär, ist aber für den damaligen amerikanischen Roman eine noch weitgehend unerprobte Neuentwicklung und hat bei fast allen nachfolgenden Prosaschriftstellern von Rang deutliche Spuren hinterlassen.

Wenngleich der Erzähler von Anfang an keinen Zweifel daran lässt, dass er ein Buch über vergangene Ereignisse schreibt, werden doch immer wieder Passagen eingeschoben, die eindeutig seine unmittelbare Anwesenheit zur Voraussetzung haben und von einem gegenwärtigen Blickpunkt aus dargestellt werden. Dies macht eine Textstruktur möglich, die unterschiedliche Stilformen, von der Umgangssprache über lyrische Stimmungsbilder bis zur abstrakten symbolischen Meditation, miteinander verbindet. Eine solche findet sich etwa im folgenden Beispiel, wo der fantastische innere Zustand des jungen Gatsby kurz vor seiner Bekanntschaft mit Dan Cody in einer rhythmisch akzentuierten bildhaften Sprache beschrieben wird:

> *But his heart was in a constant, turbulent riot. The most grotesque and fantastic conceits haunted him in his bed at night. A universe of ineffable gaudiness spun itself out in his brain while the clock ticked on the wash-stand and the moon soaked with wet light his tangled clothes upon the floor [...] For a while these reveries provided an outlet for his imagination; they were*

a satisfactory hint of the unreality of reality, a promise that the rock of the world was founded securely on a fairy's wing. (S. 134)

Dies ist keine retrospektive Tatsachenfeststellung, sondern eine imaginative Ausschmückung von Gatsbys seelischer Verfassung.

Häufig tritt Nick Carraway als Erzähler hinter andere Romanfiguren zurück, z. B. wenn er Wilsons Nachbarn Michaelis Myrtles Tod schildern lässt. (S. 180 f.) Im 8. Kapitel wechselt die Perspektive zu einem allwissenden Erzählstandpunkt, indem Nick ankündigt: „Now I want to go back a little and tell what happened at the garage after we left there the night before." (S. 202) Es fehlt jede Erklärung, woher Carraway weiß, wie Michaelis die Nacht bei Wilson verbracht hat und wie dieser dazu kommt, den Entschluss zur Rache an dem Fahrer des gelben Wagens zu fassen.

Bisweilen gerät der Roman erzähltechnisch an die Grenze der Glaubwürdigkeit, ohne dass dies beim Lesen sonderlich auffällt. Wenn sich Carraway in einer poetischen Vision vorstellt, was in Gatsby in den letzten Augenblicken seines Lebens vorgeht (S. 209), so ist dies reine Spekulation, obwohl der Erzähler durch ein zweimal hinzugefügtes „he must" seinen Worten eine gewisse Wahrscheinlichkeit zu geben versucht (siehe auch Schlüsselstellen, S. 68 f.).

Die **Chronologie** des Romans umfasst Gatsbys Leben von seiner Jugend bis zum Ende. Die prägenden Begebenheiten vor dem Sommer 1922, als er mit Nick zusammentrifft, finden sich in scheinbar zufälliger Reihenfolge über den ganzen Roman verstreut. In diesem Mosaik an Informationen sind auch die wesentlichen Hinweise auf Daisys und Toms Vergangenheit enthalten. Zeitlich geordnet ergibt sich folgende Übersicht:

ca. 1890	Gatsby wird geboren (6. Kapitel)
1906	Gatsby fixiert sein Selbsterziehungsprogramm (9. Kapitel)
1907 bis 1912	Gatsby trifft Dan Cody und wird dessen rechte Hand (6. Kapitel)
1917/18	Gatsbys Liebesaffäre mit Daisy Fay in Louisville, Teilnahme am Ersten Weltkrieg (4./6./8. Kapitel)
1919	Gatsby studiert in Oxford, Daisy heiratet Tom Buchanan (4./7./8. Kapitel)
1919	Gatsby trifft Wolfshiem und wird dessen Geschäftspartner (9. Kapitel)

Gatsbys Leben

Dramaturgische Aufbauelemente bestimmen die Schilderung der Ereignisse von Juni bis Oktober 1922. Dazu gehört die **szenische Darstellung**, eine Technik, die teilweise dem damals noch jungen, aber künstlerisch bereits hochentwickelten Filmgenre entlehnt ist. Die Kapitel 1 bis 3 bilden eine formale Exposition, in der die Personen vorgestellt und die Ausgangssituationen festgelegt werden. Verschiedene Spannungselemente deuten auf zu erwartende Konflikte hin, so wenn der Erzähler eingangs seine Vorgeschichte umreißt und den Zwiespalt der Gefühle andeutet, in den ihn seine Bekanntschaft mit Gatsby gebracht hat.

Die Einladung zum Abendessen bei den Buchanans führt dann zu einer ersten szenisch dargestellten Begebenheit. Tom, Daisy und Jordan treten auf und die Trivialität ihres Alltagslebens wird durch Dialoge und atmosphärische Schilderungen verdeutlicht. Im 2. Kapitel steht die meisterhaft gestaltete Partyszene in Myrtles Apartment im Mittelpunkt. Nick ist hier zunächst eine genau beobachtende Randfigur, wird aber gegen Ende in das chaotische Durcheinander hineingezogen und findet sich schließlich erst am Bett von Mr McKee und dann in der Pennsylvania Station wieder. Glanzpunkte der Szene, besser gesagt der Szenenfolge, sind die absolut authentisch wirkenden Partygespräche sowie die symbolträchtigen Beobachtungen des Erzählers am

Rande des Geschehens, die an filmische Kurzeinblendungen erinnern. So ist etwa der kleine Hund, den Myrtle unterwegs bei einem Straßenhändler erworben hat, in seiner Verwirrung und Verlorenheit ein ausdrucksstarkes Symbol für die Befindlichkeit der Menschen. Gatsbys großes Gartenfest im 3. Kapitel bildet einen dramaturgischen Kontrast zu dieser Szene und dient vor allem dazu, den geheimnisumwitterten Hauptakteur und seinen sagenhaften Reichtum vorzustellen.

Die folgenden beiden Kapitel treiben die Handlung voran. Im 4. Kapitel fallen besonders der filmischen Schnitttechnik nachempfundene plötzliche Übergänge von der Autofahrt zum Kellerrestaurant und von da zum Plaza Hotel auf, wo wir durch eine Rückblende mit der Vorgeschichte von Gatsbys und Daisys Beziehung bekannt gemacht werden. Mit dem scheinbar zufälligen Zusammentreffen der beiden in Nicks Wohnung (siehe S. 61 f.) führt das 5. Kapitel dann die Handlung auf einen ersten, diesmal vom Erzähler aktiv mitgestalteten Höhepunkt. Während der für die Buchanans inszenierten Party im 6. Kapitel zeichnet sich die bevorstehende Konfrontation zwischen Tom und Gatsby deutlich ab. Es folgt in Kapitel 7 ein zweiter dramaturgischer Höhepunkt, die Auseinandersetzung im Plaza Hotel. Sie endet für Gatsby mit einem Showdown (siehe S. 63 ff.) und stellt die entscheidende Wende seines Schicksals dar. Der übrige Teil des 7. Kapitels leitet die Tragödie ein. Die Ereignisse überstürzen sich. Myrtle wird überfahren, als sie glaubt, mit Toms Hilfe entkommen zu können. Der Verdacht fällt auf Gatsby und die Katastrophe deutet sich an. Sie tritt im 8. Kapitel ein, als Wilson Gatsby ermordet und sich anschließend selbst umbringt. Das letzte Kapitel umfasst die Beerdigungsszene und betont die gesellschaftliche Isolation Gatsbys. Am Schluss zieht der Erzähler eine Bilanz seiner Erfahrungen, die an die Abrundung eines klassischen Dramas durch einen Epilog erinnert.

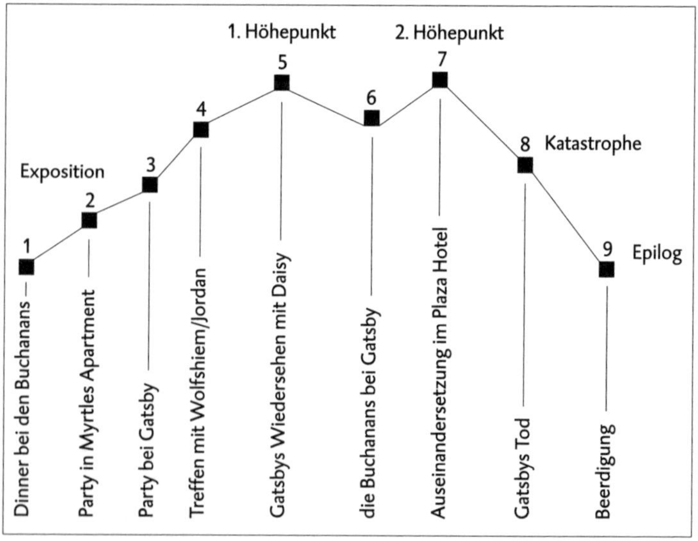

Kapitel- und Szenenfolge

Für die thematische Strukturierung der Erzählung sind u. a. die vier unterschiedlichen **Schauplätze** des Romangeschehens von Bedeutung. **West Egg** ist vornehmlich die Bühne für Gatsbys Auftritte als Gastgeber der mondänen Welt. Personen, die hier verkehren, – man erinnere sich an die sprechenden Namen der Gästeliste – gehören keiner bestimmten Gesellschaftsschicht an. Sie sind ein buntes, zufällig zusammengewürfeltes Gemisch ohne feste Verankerung in der sozialen Hierarchie. Gatsby selbst ist einer von ihnen, obwohl er sich nach Kräften bemüht, durch Statussymbole wie seine „baronial mansion" mit der aus England importierten „Merton College Library" (S. 124) einen aristokratischen Eindruck zu erwecken.

Bei den Bewohnern von **East Egg**, wie den Buchanans und ihren Freunden, gilt West Egg als anrüchig. Sie gehören dem alteingesessenen Geldadel an und verdanken ihren Reichtum der Geschäftstüchtigkeit ihrer Vorfahren. Für sie ist Gatsbys Lebensstil ein Imitat europäischer Feudalkultur. Er und seine Gesellschaft täuschen Exklusivität vor, sind aber in Wahrheit Emporkömmlinge und Scharlatane. Ihr exzessives Treiben wirkt auf die Buchanans wie ein schlecht inszenierter Maskenball. Die „white palaces of fashionable East Egg" (S. 12), von denen Nick am Anfang so beeindruckt ist, repräsentieren dagegen eine soziale Schicht, die ihre Lebensweise an traditionellen Vorstellungen orientiert und sich selbst für das moralische Rückgrat der Nation hält. Der Erzähler durchschaut schon bei seinem ersten Besuch die Oberflächlichkeit von Toms und Daisys Existenz. Die Buchanans haben zwar Stil, aber ihre menschlichen Qualitäten bleiben hinter Gatsbys Charakter weit zurück.

New York ist für den Erzähler ein Anziehungspunkt besonderer Art. Die City bietet Nick zum ersten Mal in seinem Leben ein berufliches Betätigungsfeld. Für Gatsby und Wolfshiem ist sie das Zentrum ihrer illegalen Geschäftstätigkeit. Hier liegt der Schlüssel zu Reichtum und Abenteuer. Überall herrscht ein ständiges Kommen und Gehen. Man trifft sich in Hotels, im Central Park, in Restaurants und auf Bahnhöfen. Manhattan ist der Inbegriff von Vitalität und Lebenslust, aber auch von Romantik und Melancholie. Wenn Nick abends die Fifth Avenue entlang schlendert, erschließt sich ihm eine neue Welt. Seine Schilderungen der Straßenatmosphäre sind stilistisch beispielgebend für die moderne Großstadtliteratur geworden.

Das New York des Romans ist ein Brennpunkt schicksalhafter Begegnungen. Hier treffen Tom und Gatsby erstmals zusammen. Zwischen Tom und Myrtle kommt es zum Streit im Apartment in der 158. Straße und zwischen Tom und Gatsby zur alles entscheidenden Auseinandersetzung im Plaza Hotel. Beide Male ist es die Kombination von Großstadtgetriebe und extremer Hitze, die die Spannungen eskalieren lässt. Die kühlen Abendstunden haben dagegen einen besänftigenden Einfluss, etwa wenn Nick und Jordan ihre romantische Kutschfahrt durch den dunkelnden Central Park unternehmen.

Eine gespenstische Gegenwelt zu Glanz und Überfluss der City stellt das **Valley of Ashes** dar. Fitzgerald lässt Nick den Ausdruck „waste land" gebrauchen (S. 37), eine Anspielung auf T. S. Eliots gleichnamigen Gedichtzyklus, in dessen letztem Teil eine ähnlich ausgedörrte Landschaft eine symbolische Rolle spielt. Hoffnungslosigkeit und Verzweiflung sind die mit dem Aschental verbundenen Assoziationen. Wilson ist ein Ausgestoßener, eine Unperson, die den Lebenskampf längst verloren hat. Sein spontaner Racheakt ist ein letzter Versuch der Auflehnung, zugleich aber eine Selbstaufgabe. Myrtle hat dank ihrer Vitalität eine Chance, dem Aschental zu entkommen, aber auch ihr gelingt der Ausbruch nicht. Sie stirbt vor dem Haus, das für sie zuletzt buchstäblich zum Gefängnis geworden ist.

Zusammengefasst ergeben die vier Schauplätze ein psychologisch-moralisches Koordinatensystem.

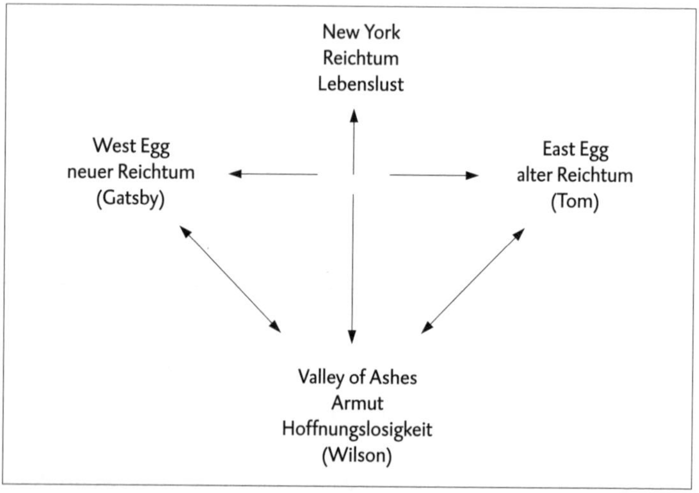

Schauplätze

Dabei bilden West Egg und East Egg das eine Gegensatzpaar, New York und das Aschental ein zweites. Gatsby und die Buchanans unterscheiden sich durch sozialen Status und charakterliche Eigenschaften; New York und das Aschental stehen für Reichtum bzw. Armut, Lebenslust auf der einen und Verzweiflung auf der anderen Seite. Darüber hinaus ist Reichtum ein Merkmal, das East Egg, West Egg und New York gemeinsam haben. Insofern kommt dem Aschental eine besondere Bedeutung zu. Diese trostlose Gegend repräsentiert die Nachtseite des Daseins und ist Ausdruck einer Verneinung aller Möglichkeiten, die dem Leben Erfüllung und Sinn geben können.

3 Sprache und Symbolik

Fitzgerald hat nach eigenen Äußerungen außerordentliche Sorgfalt auf die sprachlich-stilistische Gestaltung seines Romans verwandt. Was ihm dabei vorschwebte, fand er u. a. bei Joseph Conrad (1847–1924), der seine künstlerische Intention im Vorwort zu *The Nigger of the Narcissus* (1897) wie folgt beschreibt: „My task which I am trying to achieve is, by the power of the written word to make you hear, to make you feel – it is, before all, to make you *see.* That – and no more, and it is everything." (*A Literary Reference,* S. 112) Ein solches Ziel lässt sich insbesondere durch eine ausdrucksstarke Bildersprache erreichen, und so ist es kein Zufall, dass *Gatsby* immer wieder Anklänge an große Werke der englischen Lyrik aufweist. Zu den von Fitzgerald vor allem geschätzten Dichtern gehört neben dem schon genannten T. S. Eliot (1888–1965) der Romantiker John Keats (1795–1821).

An den intertextuellen Bezügen zu Keats' 1819 entstandener *Ode to a Nightingale* (*Selected Poems,* S. 255 ff.) kann man erkennen, wie Fitzgeralds Sprachstil von der lyrisch-romantischen

Diktion und dem Lebensgefühl seines Vorbilds beeinflusst ist. Wenn Nick etwa das Halbdunkel des Musikzimmers beschreibt, in dem Gatsby und Daisy den ersten gemeinsamen Abend verbringen, so sind die Worte: „there was no light save what the gleaming floor bounced in from the hall“ (S. 129) ein Echo auf Keats' Zeilen: „But here there is no light, save what from heaven is with the breezes blown [...]“ (Z. 38 f.). Auffallend sind nicht nur Übereinstimmungen in Wortwahl und Rhythmus, sondern auch inhaltliche Parallelen. Thema der Ode ist der Gegensatz zwischen der realen Welt des Dichters und der durch die Nachtigall verkörperten idealen Welt der Schönheit. Im Roman wird eine ähnliche ideale Vorstellung mit Daisy in Verbindung gebracht. Bei Nicks erstem Besuch im Hause der Buchanans entdeckt Daisy im Garten einen Vogel, den sie als Nachtigall identifiziert, obwohl es in Nordamerika keine Nachtigallen gibt: „There's a bird on the lawn that I think must be a nightingale come over on the Cunard or White Star Line. He's singing away.“ Und ihre eigene Stimme „singt“: „It's romantic, isn't it, Tom?“ (S. 27) Fitzgerald stellt mit solchen literarischen Anspielungen – auch Daisys Mädchenname Fay kommt in Keats' Gedicht vor – motivische Zusammenhänge her, welche die Thematik des Romans vertiefen. Wenn man weiß, dass bei Keats der Gesang der Nachtigall ein schöner, aber vergänglicher Traum ist, so wird deutlich, wie hier der Romantext eine hintergründige Bedeutung bekommt.

Fitzgeralds **lyrischer Stil** beruht in erster Linie auf einer eigenwilligen Metaphorik und einem fließenden, rhythmisch akzentuierten Satzbau. Die damit erzielte Wirkung läuft auf eine romantische Überhöhung der Realität hinaus, oft durchsetzt mit ironischen Untertönen. Als Beispiel mag der folgende Ausschnitt aus Nicks Beschreibung einer Partyszene in Gatsbys Garten dienen:

The lights grow brighter as the earth lurches away from the sun and now the orchestra is playing yellow cocktail music and the opera of voices pitches a key higher. Laughter is easier, minute by minute, spilled with prodigality, tipped out at a cheerful word. The groups change more swiftly, swell with new arrivals, dissolve and form in the same breath – already there are wanderers, confident girls who weave here and there among the stouter and more stable, become for a sharp, joyous moment the center of a group and then excited with triumph glide on through the sea-change of faces and voices and color under the constantly changing light. (S. 58f.)

Zu Beginn des Absatzes wird durch die Erwähnung der sich von der Sonne lösenden Erde ein kosmischer Rahmen geschaffen. Das Verb „lurches“, das eine plötzliche, unkontrollierte Bewegung bezeichnet, wie sie etwa für einen Betrunkenen typisch ist, gibt dem Satz eine leicht ironische Färbung und weist auf den Tumult hin, mit dem die Party endet und der mit dem nächtlichen Autounfall seinen Höhepunkt erreicht. Es herrscht eine optimistische Grundstimmung („The lights grow brighter“), helle Farben und Klänge bestimmen die Szene, synästhetisch verbunden in der sprachlich gewagten Wendung „yellow cocktail music“. Hinzu kommt der Eindruck einer unaufhörlichen Fluktuation. Gruppen schwellen an, lösen sich auf und bilden sich neu in raschem Wechsel, „confident girls“ gleiten durch die Menge und sorgen für ein wogendes Hin und Her. Die Metapher „the sea-change of faces and voices and color“ gibt dem Geschehen den Charakter eines grandiosen Naturschauspiels. Gegen Mitternacht, als die Party immer noch in vollem Gange ist, hat der Mond die Sonne ersetzt und die Meeresbucht in ein silbrig glänzendes, schuppiges Dreieck verwandelt. (S. 67 f.)

Sonne, Mond, Sterne, Himmel und Meer, aber auch Bäume, Blumen und Vögel sind Bilder, die an vielen Stellen des Romans Bezüge zur Natur herstellen und sowohl Erhabenheit und Schönheit als auch Zeitlichkeit und Vergänglichkeit ausdrücken können. Eine besondere Rolle spielen Farben, z. B. grün und weiß, silbrig und golden. Das grüne Licht steht für Gatsbys Zukunftstraum, weiß ist vorwiegend Daisys Farbe. Bei der ersten Begegnung mit Nick erwähnt sie die gemeinsam mit Jordan Baker in Louisville verlebten unschuldigen Mädchenjahre: „Our white girlhood was passed together there." (S. 31) Und Jordan berichtet von dieser Zeit und ihrer viel umschwärmten Freundin: „She dressed in white and had a little white roadster [...]" (S. 104). Weiß sind auch die Paläste der Reichen in East Egg und ihre Kleider, Hüte und Sommeranzüge. Gold und Silber sind Luxusattribute, die typischerweise oft in Verbindung mit Gatsby, dem „gold-hatted, high-bouncing lover" des dem Roman vorangestellten fiktiven Mottos, genannt werden. Zum Rendezvous mit Daisy erscheint er „in a white flannel suit, silver shirt and gold colored tie." (S. 115)

Bestimmte Gegenstände und Begriffe verbinden sich zu einem komplexen Geflecht assoziativer Bedeutungen. Ein markantes Beispiel ist das Automobil, um die Mitte der 20er-Jahre noch ein Zeichen von Wohlstand und Fortschritt. Bei Fitzgerald ist es ein ambivalentes Objekt. Gatsbys Luxuskarosse, von Tom abfällig als „circus wagon" bezeichnet (S. 161), ist wie sein Wasserflugzeug ein technisches Wunderwerk, das die Exklusivität seines Lebensstils unterstreicht. Nicks Beschreibung ist nicht ohne handfeste Ironie: „It was a rich cream color, bright with nickel, swollen here and there in its monstrous length with triumphant hatboxes and supperboxes and tool-boxes, and terraced with a labyrinth of windshields that mirrored a dozen suns." (S. 89) Andererseits ist die-

ses monströse Statutssymbol ein Instrument des Todes. Es kostet Myrtle das Leben und setzt Wilson auf Gatsbys Spur. In Jordan Bakers Händen wird ein Auto zur Gefahr für andere Menschen: „... she passed so close to some workmen that our fender flicked a button on one man's coat." (S. 83)

Hinweise auf Unglück und Tod finden sich an vielen Stellen des Romans. Myrtles Bemerkung: „You can't live forever" (S. 53) oder Nicks Beobachtung, dass Gatsby „pale as death" aussieht (S. 117), sind, im jeweiligen Kontext betrachtet, Vorausdeutungen auf das bevorstehende Ende der betreffenden Personen. Auffallend ist ferner das häufige Vorkommen der Begriffe „ghost" oder „ghostly", meist im Zusammenhang mit Gatsby, seinen Visionen, seinem Haus oder seinen Partys. Einer der bekanntesten Sätze des Romans ist der Kommentar der Erzählers zu dem, was er „the colossal vitality of his [Gatsby's] illusion" nennt: „No amount of fire or freshness can challenge what a man will store up in his ghostly heart." (S. 131)

Die **Symbolsprache** des Romans wird im Wesentlichen durch den Dualismus von Verzweiflung und Hoffnung bestimmt. Über dem Aschental, dem symbolischen Ort der Hoffnungslosigkeit, wacht Doctor Eckleburgs starrer Blick. Eckleburgs Augen sind „blue and gigantic – their retinas are one yard high. They look out of no face but, instead, from a pair of enormous yellow spectacles which pass over a nonexistent nose." (S. 35) Wie ein böser Dämon schwebt dieses gesichtslose Wesen über den Menschen, teilnahmslos und Unheil verkündend. Der halb wahnsinnige Wilson sieht in ihm eine rächende und strafende Gottheit. „God knows what you've been doing, everything you've been doing. You may fool me but you can't fool God!", sagt er zu Myrtle und blickt, während er diese Worte für Michaelis wiederholt, zu dem Reklamebild auf. Dieser versucht, ihm klarzumachen, dass es sich um ein sinnloses Werbeplakat handelt, aber Wilson hört ihn nicht und wiederholt nur kopfnickend: „God sees everything." (S. 207)

Die Relevanz dieser grotesken Verwechselung liegt in einer Verkehrung der Wertvorstellungen. Eine Plakatwand wird zur Ikone in einer Gesellschaft, in der Kommerz und Konsum an die Stelle Gottes treten. Zum andern besteht eine enge Verknüpfung zwischen den „toten" Augen Eckleburgs und dem „blinden" Schicksal, das über den tragischen Vorgängen des Romans waltet. Ebenso wie die grauen Aschenberge und die gespenstischen Staubwolken ringsumher ist dieses Plakat Ausdruck einer zerstörten, menschenfeindlich gewordenen Welt, ein Zeichen der Sinnlosigkeit, das letztlich auch Gatsbys Gralssuche als vergeblich erscheinen lässt.

Den Gegenpol bildet das grüne Licht am Ende des zum Anwesen der Buchanans gehörenden Landungsstegs. Es ist ein Signal, das Gatsby den erhofften Weg zum Glück weist. Als Nick seinen Nachbarn zum ersten Mal erblickt, steht dieser allein im dunklen Garten:

> *... he stretched out his arms toward the dark water in a curious way, and far as I was from him I could have sworn he was trembling. Involuntarily I glanced seaward – and distinguished nothing except a single green light, minute and far away, that might have been the end of a dock. (S. 34)*

Noch existiert Daisy hier als unerreichbares Fernziel in Gatsbys Leben. Das grüne Licht ist ein sichtbares Zeichen, das ihre reale Gegenwart ersetzen muss. Als sie dann tatsächlich mit ihm zusammentrifft, verliert das Zeichen seine Bedeutung. Nick kommentiert: „Possibly it had occurred to him that the colossal significance of that light had now vanished forever." (S. 127) Aus dem „enchanted object" ist wieder ein gewöhnliches Licht geworden. Daisy ist nun eine Frau aus Fleisch und Blut mit menschlichen Eigenschaften und Schwächen.

Am Schluss des Romans kommt der Erzähler noch einmal auf die Bedeutung des grünen Lichtes zurück. Gatsbys Traum ist zu diesem Zeitpunkt längst ausgeträumt, nur ist er nicht bereit, sich dies einzugestehen: „He had come a long way to this blue lawn and his dream must have seemed so close that he could hardly fail to grasp it. He did not know that it was already behind him [...]“ (S. 233). Für Nick verbindet sich das Scheitern seines Freundes mit einer grundlegenden Einsicht in die Bedingtheit menschlicher Existenz. Er schließt seine Aufzeichnungen mit den Worten: „Gatsby believed in the green light, the orgastic future that year by year recedes before us. It eluded us then, but that's no matter – tomorrow we will run faster, stretch out our arms farther ... And one fine morning –“ (S. 233)

Damit wird das grüne Licht zum allgemeingültigen Symbol erhoben. Es steht für die Hoffnung aller Menschen, für ihr Verlangen nach Glück und Lebensfülle. Allerdings ist dieser paradiesische Zustand unerreichbar. Die „orgastic future“ weicht vor uns zurück, je mehr wir ihr nachjagen. Dennoch geben wir nicht auf; wir kämpfen weiter gegen die Wellen des Schicksals und der Zeit, obwohl wir wissen, dass wir diesen Kampf nicht gewinnen können: „So we beat on, boats against the current, borne back ceaselessly into the past.“ (S. 233)

Nicks Einsicht in die tragische Paradoxie des Lebens entspringt Fitzgeralds persönlicher Erfahrung. In einem Brief an seine Tochter vom 5. Oktober 1940, wenige Wochen vor seinem Tod, spricht er von einem „wise and tragic sense of life“ und fährt fort:

> *By this I mean the thing that lies behind all great careers, from Shakespeare's to Abraham Lincoln's, and as far back as there are books to read – the sense that life is essentially a cheat and its conditions are those of defeat, and that the redeeming things are not 'happiness and pleasure' but the deeper satisfactions that come out of struggle. (Some Sort of Epic Grandeur, S. 529)*

4 Thematik

The Great Gatsby ist ein gesellschaftskritischer Roman, der sich mit der Epoche nach dem Ersten Weltkrieg auseinandersetzt. Die „Roaring Twenties“, oft auch als „Jazz Age“ bezeichnet, waren eine Zeit des Umbruchs. Erstmals stieg Amerika in Politik, Wirtschaft und Kultur zur weltweit führenden Nation auf. Mit dem Jazz schuf es sich einen eigenen Musikstil. Die Filmindustrie florierte und entwickelte eine Kunstform von enormer Massenwirkung. Neue Medien wie Boulevardpresse und Magazine drängten auf den Markt.

Das Automobil mutierte in kurzer Zeit vom Luxusartikel zum allgemeinen Gebrauchsgegenstand. Es signalisierte den Aufbruch in eine neue Zeit und vermittelte ein Gefühl von grenzenloser Ungebundenheit.

Die Wolkenkratzerarchitektur Manhattans wurde zum Symbol eines glanzvollen wirtschaftlichen Aufstiegs. Neue Geschäftszweige entstanden, um das Bedürfnis nach Konsumgütern, Unterhaltung und Vergnügungen zu befriedigen. Werbung jeglicher Art beherrschte das Straßenbild der Großstädte und riesige Plakatwände, wie das Brillengesicht Doctor Eckleburgs, standen auch auf dem flachen Land überall an den Verkehrswegen.

Die explosionsartige Vermehrung des Geldumlaufs war das Ergebnis einer plötzlichen Welle der Börsenspekulation. Auch Durchschnittsbürger, die in relativ bescheidenen Verhältnissen lebten, versuchten, durch den Handel mit Aktien und Anleihen reich zu werden. Tatsächlich kam es, vor allem in der Anfangszeit des Wirtschaftsbooms, zu beachtlichen Vermögensgewinnen, von denen allerdings nur ein Teil der Bevölkerung profitierte. Zwischen dem Besitzbürgertum und trickreichen Geschäftemachern auf der einen und der nicht am Wirtschaftsaufschwung beteiligten Unterschicht auf der anderen Seite tat sich eine soziale Kluft auf. Die amerikanische Demokratie nach dem Ersten Weltkrieg war eine Klassengesellschaft. Die einsetzende finanzwirtschaftliche Massenhysterie führte gegen Ende des Jahrzehnts zur Überhitzung des Systems und schließlich zum Zusammenbruch der New Yorker Börse am „Schwarzen Freitag“, dem 29. Oktober 1929. Die darauf folgende Weltwirtschaftskrise, die *Great Depression*, rief auch in Europa, namentlich in Deutschland, schwere wirtschaftliche und politische Verwerfungen hervor.

In den Vereinigten Staaten wirkte sich außerdem eine starke Zunahme von Korruption und Kriminalität destabilisierend aus. Die Finanzwelt geriet mehr und mehr unter den Einfluss betrügerischer Spekulanten. Durch das 1919 erlassene Prohibitionsgesetz entstand eine Schattenwirtschaft großen Stils. Mit einer nach ihrem Urheber *Volstead Act* genannten Verfassungsänderung versuchten konservative Kongressabgeordnete, den Verfall christlich-puritanischer Wertvorstellungen aufzuhalten, indem der Verkauf von Alkohol generell unter Strafe gestellt wurde. Das Ergebnis war ein enormer Aufschwung des illegalen Alkoholhandels. Ein wohlorganisiertes Netzwerk von Schmugglern, sogenannten *bootleggers,* breitete sich über das ganze Land aus. Wie Pilze schossen die *speakeasies* aus dem Boden, private Lokale, in denen alkoholische Getränke unter dem Ladentisch zu haben waren. Ein Beispiel aus dem Roman ist das Kellerrestaurant in der 42. Strasse, wo sich Nick und Gatsby mit Wolfshiem treffen und der Oberkellner ihnen *highballs*, ein hochprozentiges Whiskey-Mixgetränk, serviert. Oberhäupter von Schmugglerbanden wie Al Capone erlangten nicht selten legendäre Berühmtheit. Allgemein galten sie nicht als gewöhnliche Gesetzesbrecher, sondern genossen ein gewisses, wenn auch manchmal zweifelhaftes Ansehen.

Das Prohibitionsgesetz verfehlte nicht nur seinen Zweck, sondern führte auch zu einer gefährlichen Aufweichung der staatlichen Autorität. Die Gesetzeshüter waren unfähig, die Einhaltung zu überwachen und häufig sogar aktiv in den Alkoholschmuggel verwickelt. Im Roman braucht Gatsby dem Polizisten, der ihn wegen zu schnellen Fahrens bestrafen will, nur seine Visitenkarte zu zeigen und schon entschuldigt sich der Beamte bei ihm. „I was able to do the commissioner a favor once, and he sends me a Christmas card every year", fügt Gatsby erklärend hinzu. (S. 95) Wie zeittypisch der Roman ist, sieht man ferner daran, dass Fitzgerald sich des Öfteren auf tatsächliche Vorkommnisse und Namen bezieht. So hat sich der Rosenthal-Mord, den Wolfshiem miterlebt haben will, wirklich ereignet, ebenso die betrügerische Manipulation der Baseballmeisterschaft von 1919, bei der ein gewisser Rothstein, das Urbild Wolfshiems, ein Vermögen ergaunerte.

Die Grundstimmung der Zeit nach dem Ersten Weltkrieg war nihilistisch geprägt. Das allgemein in den Großstädten herrschende Bedürfnis nach Unterhaltung und Zerstreuung war zugleich Ausdruck einer Endzeitatmosphäre. Der Krieg hatte den Glauben an die menschliche Vernunft ins Wanken geraten lassen. Für die jungen Männer, die von den Schlachtfeldern Europas zurückkehrten, hatten sich die Vorkriegsideale von Frieden und Fortschritt als Täuschung erwiesen. Die Zukunft erschien ungewiss; das Leben hatte seine Zielrichtung verloren.

Stattdessen bot der Wirtschaftsboom neue Möglichkeiten der Betätigung und Ablenkung. New York wurde zum Zentrum eines exzessiven Lebensstils, für den es weder im geschäftlichen noch im privaten Bereich moralische Grenzen gab. Auf den zahlreichen Partys tauchte ein emanzipierter Frauentyp auf, die sogenannten *flappers.* Sie kleideten sich nach der neuesten Mode und setzten sich in Geschmack und Verhalten bewusst von den bisher geltenden sozialen Konventionen ab. Hatten die Damen der Jahrhundertwende in der Öffentlichkeit Zurückhaltung gewahrt, so benahmen sich die *New Women* herausfordernd und selbstbewusst. Um 1920 sah man erstmals Zigaretten rauchende Frauen in öffentlichen Lokalen. Der Charleston, ein lasziver Modetanz im Jazzstil, wurde auch in Europa zum Markenzeichen der „Goldenen Zwanziger".

Als Chronist dieser Zeit war Scott Fitzgerald schon bald eine Berühmtheit. Er und Zelda wurden zu Medienstars, die den Stil der tonangebenden Gesellschaft verkörperten und prägten. *The Great Gatsby* gilt zu Recht noch heute als repräsentativer Roman der Epoche. Kein anderer Schriftsteller hat die seltsame Mischung aus Lebenshunger und Verzweiflung so überzeugend wiedergegeben. Nick Carraway, aber auch Gatsby sind ein Teil von ihm selbst. Wie sein Erzähler ist der Autor gleichzeitig Mitspieler und Beobachter der Gesellschaft. Und wie die Titelfigur ist er ein Romantiker auf der Suche nach dem sinnerfüllten Leben.

Das Grundproblem des Romans lässt sich mit dem Begriff **Desillusionierung** *(disillusionment)* bezeichnen. In einem Brief beschreibt Fitzgerald den Gesamttenor („the whole burden") des Werks als „the loss of those illusions that give such color to the world that you don't care whether things are true or false as long as they partake of the magical glory." (*Literary Masterpieces*, S. 32) In Gatsbys Glauben, durch die Anhäufung von Reichtum die Zeit umkehren und Daisy zurückgewinnen zu können, werden diese Illusionen greifbar.

Von Anfang an ist sein Blick auf ein Ziel gerichtet, das „magical glory" verheißt. Der Siebzehnjährige träumt von zukünftiger Größe, auch wenn er noch keine Vorstellung hat, in welcher Richtung er danach suchen soll. Die Lehrzeit bei Dan Cody, dessen Porträt später sein Schlafzimmer schmücken wird, setzt Maßstäbe, an denen er seine Ambitionen misst. Cody ist ein Abenteurer alten Stils. Er verdankt sein Vermögen riskanten Spekulationen und rücksichtslosen Geschäftspraktiken. Einstmals von Frauen umschwärmt, hat er ein ausschweifendes Leben geführt, dem noch der Hauch der Pionierzeit anhaftet.

Was Gatsby beeindruckt, ist nicht nur Codys Reichtum, sondern auch die Mühelosigkeit seines Erfolgs. Den Verlust des millionenschweren Erbes, um das er von Ella Kaye, Codys Geliebter und vermutlich seiner Mörderin, betrogen worden ist, hat Gatsby längst verschmerzt, als er Daisy kennenlernt. Erst jetzt gewinnt Geld für ihn wirkliche Bedeutung. Daisys Attraktivität beruht auf ihrem Lebensstil und ihrer Klassenzugehörigkeit. Gatsby hat nur dann eine Chance, sie zu gewinnen, wenn er ihr ein glanzvolles Dasein bieten kann. Was er sich nicht eingestehen will, ist der Umstand, dass Reichtum nur in Verbindung mit gesellschaftlicher Geltung ihre Ansprüche befriedigt. Nur *Old Money,* angestammter Familienbesitz, wie ihn ein Mann „aus gutem Hause" mitbringt, wird ihrer Rolle im Leben gerecht.

In den ersten Augenblicken des Wiedersehens lässt sich Daisy von Gatsbys zur Schau gestellten Luxusgütern blenden. Doch schon beim Besuch von Gatsbys Party fühlt sie sich von den Gästen abgestoßen. Die Auseinandersetzung im Plaza Hotel ist bereits das Ende ihrer Beziehung. Als Tom Gatsby einen Schieber und Schwindler nennt, hat dieser verloren. Nicht aus moralischen Gründen, sondern weil eine Verbindung mit einem Parvenü und Alkoholschmuggler undenkbar für sie ist, kann Daisy nicht anders handeln, als sich mit ihrem Mann zu versöhnen. Ihre Liebe gilt weder Gatsby noch Tom, sondern vor allem ihrer gesellschaftlichen Stellung.

Gatsbys Vision eines von Schönheit und Erhabenheit erfüllten Lebens an Daisys Seite bleibt eine Selbsttäuschung. Es ist Nicks Rolle, dies zu kritisieren, aber auch den ideellen Wert von

Gatsbys unermüdlichem Streben zu verstehen. Dem unvermeidlichen Scheitern an der Wirklichkeit stellt der Erzähler ein höheres Ziel gegenüber, als es die von der Gier nach materiellem Besitz verblendete Gesellschaft seiner Zeit erkennen kann. Für Nick ist Gatsby eine Ausnahmeerscheinung, weil er eine uramerikanische Idee verkörpert, den optimistischen Glauben an die Erreichbarkeit des Glücks und die Vision einer besseren Welt.

Dieser Glaube ist der Kern einer großen nationalen Utopie, für die der Historiker James Truslow Adams 1931 den Begriff „**American Dream**" geprägt hat. Jim Cullen erörtert in seinem 2003 erschienenen Buch mit demselben Titel verschiedene historische Varianten, etwa den puritanischen Traum von der Verwirklichung eines gottgefälligen Lebens (17. Jahrhundert), den Traum der Verfassungsväter von unveräußerlichen Rechten aller Menschen auf Gleichheit, Freiheit und Streben nach Glück (18. Jahrhundert) oder den Traum der Pioniere und ihrer Nachkommen von sozialem Aufstieg und allgemeinem Wohlstand (19. Jahrhundert). Für die Entwicklung von der Mitte des 19. Jahrhunderts bis in die Gegenwart macht Cullen eine weitere Ausprägung geltend, die er als *Dream of the Coast* bezeichnet und für die er *The Great Gatsby* als exemplarisches literarisches Zeugnis heranzieht.

Der *Dream of the Coast* hat seinen Ursprung in Kalifornien und weiten Teilen der Westküste, wo sich für wagemutige Abenteurernaturen, etwa durch Glücksspiel oder Landaufkäufe, Gelegenheiten boten, ohne wirkliche Anstrengung in relativ kurzer Zeit reich zu werden. Las Vegas und der kalifornische Goldrausch sind stellvertretende Stichworte für den Anfang dieser Epoche, Hollywood und der Starkult für eine spätere Phase. Das Leben der Schönen, Berühmten und Reichen, das sich in einer Welt abzuspielen scheint, in der alle Wünsche wahr werden, hatte und hat noch immer für die Masse der weniger Privilegierten eine magische Anziehungskraft. Fitzgerald stellt in seinem Roman Glanz und Überfluss dieses Traums dar, aber auch die Kehrseite, nämlich egoistisches Machtstreben, soziale Verantwortungslosigkeit und menschliche Kälte.

Solche Eigenschaften lassen sich nicht etwa nur bei Tom Buchanan ausmachen, wenngleich sie bei ihm am deutlichsten hervortreten, sondern in unterschiedlicher Weise bei fast allen Romanfiguren, die auf ihrem Weg von Long Island nach Manhattan das Aschental durchqueren. An den Menschen dort fahren sie in der Regel achtlos vorbei. Auch Gatsbys Verantwortungsgefühl ihnen gegenüber scheint nicht besonders ausgeprägt zu sein. Daisy überfährt Myrtle, ohne anzuhalten. Gatsby gelingt es zwar, den Wagen zu stoppen, aber nur, um selbst das Steuer zu übernehmen und Daisy so schnell wie möglich in Sicherheit zu bringen. Sich um das Opfer zu kümmern, kommt ihm nicht in den Sinn. Später erkundigt er sich beiläufig bei Nick, ob die Überfahrene tot sei und um wen es sich überhaupt handele, aber über Einzelheiten möchte er nicht informiert werden. Sein Interesse gilt allein Daisys Zustand und der Vertuschung der Umstände. Nick ist schockiert und bemerkt: „He spoke as if Daisy's reaction was the only thing that mattered." (S. 188) Auch um den völlig aus der Bahn geworfenen Wilson scheint sich außer Michaelis niemand Gedanken zu machen, und so nimmt dieser sein Recht, oder was er dafür hält, selbst in die Hand. Wenn sich bei Gatsbys Beerdigung herausstellt, dass auch er von aller Welt verlassen ist, so wirkt dies fast wie eine ironische Antwort des Schicksals auf sein eigenes Verhalten.

Im *Dream of the Coast* gerät die ursprünglich idealistische amerikanische Utopie mit einem gedankenlosen, nur auf den eigenen Vorteil bedachten Materialismus bzw. Egoismus in Konflikt. Für Gatsby erweist sich dieser Widerspruch auf verhängnisvolle Weise als unauflösbar. Sein Ehrgeiz ist die Verwirklichung eines idealen Selbstbildes an Daisys Seite. Doch die korrupten Mittel, mit denen er sein Ziel zu erreichen sucht, machen diese Hoffnung zunichte. Gatsbys Scheitern hat exemplarischen Charakter. Es ist ein Scheitern des amerikanischen Traums. Nick empfindet dies, wenn er am Schluss das Schicksal seines Freundes mit der amerikanischen Geschichte in Verbindung bringt. Als er am Abend vor der Abreise noch einmal den mondbeschienenen Strand aufsucht, gehen seine Gedanken zu den Anfängen der Kolonialzeit zurück:

> *And as the moon rose higher the inessential houses began to melt away until gradually I became aware of the old island here that flowered once for Dutch sailors' eyes – a fresh, green breast of the new world. Its vanished trees, the trees that had made way for Gatsby's house, had once pandered in whispers to the last and greatest of all human dreams; for a transitory enchanted moment man must have held his breath in the presence of this continent, [...] face to face for the last time in history with something commensurate to his capacity for wonder. (S. 232f.)*

Dieser Augenblick, in dem holländische Seeleute Long Island entdecken, ist der Anfang des amerikanischen Traums in seiner ursprünglichen Gestalt: als Sehnsucht nach einem paradiesischen Zustand. Aber wo einmal „a fresh, green breast of the new world" war, steht jetzt Gatsbys leeres Haus. Immerhin lebte in seinem unbeirrbaren Glücksstreben noch etwas von jener „capacity for wonder" fort, eine Ahnung von jenem großen Menschheitstraum, der noch immer seiner Erfüllung harrt.

Fitzgerald hat wiederholt in Briefen und Veröffentlichungen hervorgehoben, dass *The Great Gatsby* ein Roman über Amerika sei. „Under the Red, White and Blue" lautete der von ihm noch kurz vor Erscheinen des Buches favorisierte Titel, womit die US-Flagge gemeint war. Die Frage, was Amerika in Vergangenheit und Gegenwart auszeichne, hat ihn nie losgelassen. Er hat keine abschließende Antwort gefunden, fühlte sich aber seinem Land immer auf eine sehr persönliche und emotionale Weise verbunden. Über die amerikanische Geschichte schrieb er gegen Ende seines Lebens:

I look at it – and think it is the most beautiful history in the world [. . .] It is the history of all aspiration – not just the American dream but the human dream and if I came at the end of it that too is a place in the line of pioneers. (The American Dream, S. 184)

5 Schlüsselstellen

Wiedersehen mit Daisy (125,6–127,3)

Nick, der bei dem Wiedersehen mit Daisy nicht nur Gastgeber ist, sondern als Freund den Gemütszustand Gatsbys nachempfindet, stellt fest, dass Letzterer nacheinander drei Phasen durchläuft: „After his embarrassment and his unreasoning joy he was consumed with wonder at her presence." (S. 125 f.) Die ersten Augenblicke der Begegnung sind voller nervöser Verlegenheit. Gatsby steht in verkrampfter Haltung am Kamin („in a strained counterfeit of perfect ease"), Daisy sitzt furchtsam aber graziös auf der Stuhlkante und Nicks Gesicht hat vor Aufregung eine dunkelrote Farbe („a deep tropical burn") angenommen. (S. 118 f.) Bei seiner Rückkehr aus dem Garten bemerkt er sofort einen Stimmungsumschwung: „They were sitting at either end of the couch looking at each other as if some question had been asked or was in the air, and every vestige of embarrassment was gone." (S. 121) Von Gatsby heißt es nun: „He literally glowed; without a word or a gesture of exultation a new well-being radiated from him and filled the little room." (S. 122)

Es folgt die dritte Phase, die der Erzähler mit dem Schlüsselwort „wonder" charakterisiert. Offenbar legt Gatsby großen Wert darauf, Daisy mit seinen Besitztümern bekannt zu machen, obwohl er sich nach dem Vorangegangenen eigentlich ihrer Sympathie sicher sein kann. Seine ekstatische Freude über den glücklichen Verlauf der Wiederbegegnung scheint dennoch einer Bekräftigung zu bedürfen. Daisys Bewunderung seines Reichtums soll die Erneuerung ihres Verhältnisses besiegeln.

Während des Rundgangs durch sein Haus wendet er den Blick nicht von ihr ab. „He hadn't once ceased looking at Daisy and I think he revalued everything in his house according to the measure of response it drew from her well-loved eyes", kommentiert Nick. (S. 125) Der Wert seiner Besitztümer relativiert sich je nach dem Eindruck, den sie auf Daisy machen. Überhaupt scheint die gegenständliche Welt an Realität zu verlieren: „Sometimes, too, he stared around at his possessions in a dazed way as though in her actual and astounding presence none of it was any longer real." Fast wäre er die Treppe hinuntergefallen, so sehr hat ein „sense of wonder" seine Wahrnehmung getrübt.

Im Schlafzimmer angekommen, hat Gatsby einen Lachanfall. Seine unerträgliche innere Anspannung hat sich plötzlich in nichts aufgelöst. Nick beschreibt, was in ihm vorgeht:

He had been full of the idea [of winning Daisy back] so long, dreamed it right through to the end, waited with his teeth set, so to speak, at an inconceivable pitch of intensity. Now, in the reaction, he was running down like an overwound clock. (S. 126)

Das Wunder scheint mit einem Mal wahr geworden zu sein. Gatsby fühlt sich für einen Augenblick am Ziel seiner Wünsche. Von einem Glücksgefühl überwältigt, weiß er nicht, wie ihm geschieht oder was er sagen soll.

Stattdessen beginnt er, seine Schränke zu öffnen und seine Anzüge, Morgenmäntel, Schlipse und Hemden vor Daisy auszubreiten. Der Erzähler benötigt einen ganzen Absatz voller Aufzählungen, nur um Farben, Muster und Stoffe der Hemden zu beschreiben. Im letzten Satz lässt er Daisys Reaktion folgen: „Suddenly with a strained sound Daisy bent her head into the shirts and began to cry stormily." (S. 126)

Sowohl Gatsbys als auch Daisys Verhalten ist erklärungsbedürftig. Was möchte er mit der Vorführung seiner Kleidung erreichen? Und warum reagiert sie schluchzend mit der Bemerkung: „It makes me sad because I've never seen such – such beautiful shirts before"? (S. 127) Für Gatsby ist das Ausbreiten der Hemden („throwing them one by one before us") ein Akt der Huldigung an Daisy, mit dem er ihr symbolisch seine ganze Habe zu Füßen legt. Für ihn ist materieller Besitz untrennbar mit der Suche nach dem Lebensglück verbunden, und so ist es in seinen Augen kein Widerspruch, wenn er seine Liebe erklärt, indem er ihr seinen Reichtum widmet. Daisy wiederum ist nicht deshalb traurig, weil ihr in ihrem bisherigen Leben solche herrlichen Luxusgüter noch nie begegnet wären, sondern weil sie die Wertschätzung erkennt, die Gatsby ihr entgegenbringt und die sie bei ihrem Mann schmerzlich vermisst. Hier und jetzt wird ihr klar, wie anders ihr Leben verlaufen wäre, hätte sie es an Gatsbys Seite verbracht.

Nach diesem Höhepunkt der Wiederbegegnung werfen die restlichen Seiten des Kapitels einige dunkle Schatten auf Gatsbys augenblickliche Hochstimmung. Nicks Kommentare verweisen auf die Unverhältnismäßigkeit von Gatsbys Erwartungen. Der Erzähler sieht voraus, dass Daisy hinter solchen übersteigerten Vorstellungen zurückbleiben muss. Gatsby selbst scheint vorübergehend unsicher zu werden. Auf seinem Gesicht zeigt sich ein Ausdruck von Verwirrung, „as though a faint doubt had occurred to him as to the quality of his present happiness.“ (S. 130) Aber noch ist er weit davon entfernt, seine Illusionen in Frage zu stellen. Keine Macht der Welt könnte ihn aus der Verzauberung lösen, die von Daisys Stimme ausgeht und ihn in Bann schlägt wie der unsterbliche Gesang der Nachtigall den Dichter der Keats'schen Ode: „that voice […] with its fluctuating, feverish warmth […] couldn't be over-dreamed – that voice was a deathless song.“ (S. 131)

Duell der Rivalen (172,8–178,19)

Die Auseinandersetzung zwischen Tom und Gatsby bildet den Mittelteil des symmetrisch aufgebauten 7. Kapitels. Es beginnt und endet im bzw. vor dem Haus der Buchanans. Die dazwischenliegenden Berichte über Hin- und Rückfahrt umschließen wiederum das Duell der Rivalen im Plaza Hotel, sodass sich folgende Struktur ergibt:

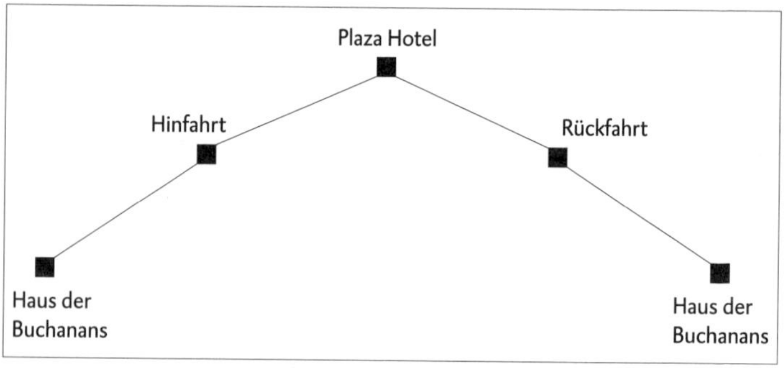

Aufbau des 7. Kapitels

Der Konflikt bahnt sich schon während des Essens bei den Buchanans an, als Tom plötzlich entdeckt, dass Daisy und Gatsby ein wie auch immer geartetes Verhältnis miteinander haben. Von nun an liegt der Schilderung der Ereignisse eine wachsende Spannung zugrunde, die sich wie ein Hitzegewitter in der Hotelsuite entlädt. Toms Wut hat sich während der Fahrt ständig gesteigert und nun eröffnet er nach einleitendem Geplänkel die erste Runde des Kampfes, indem er Gatsbys Studium in Oxford in Frage stellt. Der Stoß geht jedoch ins Leere, denn Gatsby kann glaubhaft machen, dass er tatsächlich, wenn auch nur fünf Monate lang, dort studiert hat. Nick ist froh über diese Antwort („I wanted to get up and slap him on the back“, S. 171), die sein Vertrauen in Gatsby bekräftigt, und auch Daisy zeigt sich erleichtert und hofft, dass damit die ganze Angelegenheit bereinigt ist.

Doch nun holt Tom zu einem zweiten, ernsthafteren Angriff aus: „What kind of a row are you trying to cause in my house anyhow?“, fragt er geradeheraus. Nicks Kommentar: „They were out in the open at last and Gatsby was content“ (S. 172) stellt klar, dass das Duell nun in seine entscheidende Phase eintritt und Gatsby die Herausforderung annimmt. Tom wirft ihm vor, ein dahergelaufener Abenteurer zu sein, der ihm seine Frau wegnehmen und seine Familie zerstören wolle. Seine Tiraden über den Verfall von Sitte und Moral und seine Rolle als letzter Hüter der Zivilisation werden von Nick zu Recht als scheinheilig und lächerlich empfunden. Ausgerechnet der notorische Ehebrecher Tom Buchanan spielt sich hier als Verteidiger der ehelichen Treue auf.

Dennoch endet die zweite Runde des Duells mit einem Punktsieg Toms. Schließlich muss man ihm zugestehen, dass er als Ehemann moralisch legitimiert ist, den Liebhaber seiner Frau zur Rede zu stellen. Außerdem entbehren seine Andeutungen über die im Dunkeln liegende Vergangenheit Gatsbys nicht einer offensichtlichen Berechtigung. Dieser schweigt sich dazu auch weiterhin aus, denn er hat der Anklage, ein „Mr. Nobody from Nowhere" zu sein (S. 172), nichts anderes entgegenzusetzen als Daisys vermeintlich unerschütterliche Liebe.

Mit den Worten: „Your wife doesn't love you" (S. 173) geht er denn auch zum Gegenangriff über. Es ist der einzige Trumpf, den er in der Hand hat und den er nun mit Nachdruck auszuspielen versucht:

> *Gatsby sprang to his feet, vivid with excitement. "She never loved you, do you hear?" he cried. "She only married you because I was poor and she was tired of waiting for me. It was a terrible mistake, but in her heart she never loved anyone except me!" (S. 173)*

Für einen Augenblick ist Tom verunsichert. Doch als er begreift, dass Gatsbys Verehrung für Daisy eher platonischer Natur ist und sie sich fünf Jahre lang nicht begegnet sind, lehnt er sich selbstzufrieden in seinem Sessel zurück. Alles hängt nun von Daisy ab. Für Gatsby ist völlig klar, wie sie sich entscheiden wird. Er setzt bei ihr ebenso leidenschaftliche Gefühle voraus, wie er sie empfindet, und betrachtet es als so gut wie sicher, dass sie sich auf der Stelle von Tom lossagt. Ihm fehlt jedes Verständnis dafür, dass sie ihre Vergangenheit nicht einfach auslöschen kann.

Gatsby drängt sie, die Worte: „I never loved him" auszusprechen, aber sie tut es zögerlich und ohne Überzeugung. Als Tom sie an einige Gelegenheiten erinnert, wo sie miteinander glücklich waren, wird sie unsicher und beginnt zu weinen. Ihr Geständnis: „I did love him once – but I loved you too" (S. 176) müsste Gatsby eigentlich die Augen öffnen. „You loved me *too*?" wiederholt er ungläubig, denn er scheint nicht zu begreifen, dass damit sein Absolutheitsanspruch hinfällig geworden ist.

Tom nutzt seinen Vorteil und holt zum entscheidenden Stoß aus. Mit den Worten: „Who are you anyhow?" (S. 176) leitet er seine vernichtende Enthüllung von Gatsbys kriminellen Aktivitäten ein. Er sagt ihm auf den Kopf zu, ein gewöhnlicher Betrüger und Alkoholschmuggler zu sein, der mit Wolfshiem und seiner Schieberbande unter einer Decke steckt, und deutet dunkel noch andere, schlimmere Verbrechen an. Nicks Blick fällt zuerst auf Daisy, „who was staring terrified between Gatsby and her husband" (S. 178), und dann auf den eben noch bewunderten Freund. Gatsby sieht aus, als habe er jemanden umgebracht, und Nick erinnert sich an die Gerüchte, wonach er einen Mord begangen haben soll. Doch ist der „mörderische" Ausdruck auf Gatsbys Gesicht wohl dem Umstand zuzuschreiben, dass er durch seine Träume hindurch einen Moment lang die Gefahr wahrgenommen hat, Daisy zu verlieren.

Der Augenblick geht vorüber und Gatsby beginnt erregt auf Daisy einzureden. Er versucht zu leugnen, zu erklären, sich zu verteidigen,

> *[b]ut with every word she was drawing further and further into herself, so he gave that up and only the dead dream fought on as the afternoon slipped away, trying to touch what was no longer tangible, struggling unhappily, undespairingly, toward that lost voice across the room. (S. 178)*

Gatsby hat das Duell verloren, so jedenfalls sieht es der Erzähler, wenn er von einem „dead dream" spricht. Allerdings glaubt

Gatsby noch nicht an seine Niederlage, denn der Traum hat sich in ihm verselbstständigt und wirkt fort, auch wenn keine Aussicht auf einen glücklichen Ausgang mehr besteht.

Nachdem Tom ihn und Daisy mit großmütiger Verachtung („magnanimous scorn") entlassen hat und die beiden „isolated like ghosts" entschwunden sind, fällt Nick ein, dass er an diesem Tag dreißig Jahre alt geworden ist. „Before me stretched the portentous menacing road of a new decade", bemerkt er und fügt hinzu: „a decade of loneliness." (S. 179) Die Äußerung deutet den Zustand der Desillusionierung an, der die Rückkehr in seine provinzielle Heimat bestimmen und ihn zur Aufzeichnung seiner Erinnerungen veranlassen wird. Mit Tom am Steuer und Jordan neben sich, „who, unlike Daisy, was too wise ever to carry well-forgotten dreams from age to age", tritt er die Heimfahrt an: „So we drove on toward death through the cooling twilight." (S. 180) Hier ist nicht nur Myrtles, sondern auch Gatsbys kurz bevorstehender Tod gemeint.

Am Ende des Kapitels treffen sich Nick und Gatsby noch einmal im Garten der Buchanans. Gatsby will die Nacht unter Daisys Fenster verbringen und auf ein Zeichen von ihr warten. Die „sacredness of the vigil" (S. 191) steht in krassem Widerspruch zu dem Bild der Versöhnung, das sich Nick darbietet, als er Tom und Daisy durch das Küchenfenster beim Abendessen beobachtet. Gatsby wirkt wie Don Quichotte, der tragikomische Ritter von der traurigen Gestalt, der die Dame seines Herzens zu beschützen glaubt, während er in Wirklichkeit vergebens im Mondlicht ausharrt, „watching over nothing."

Gatsbys Ende (209,8–27)

Hatte Gatsby bis zu diesem Zeitpunkt immer noch an den Erfolg seiner Mission geglaubt, so muss er sich nun das Scheitern seiner Hoffnungen eingestehen. Nachdem er den ganzen Vormittag vergeblich auf eine Botschaft von Daisy gewartet hat, wird ihm schließlich klar, dass seine Gralssuche zu Ende ist. Nick, dessen Einbildungskraft der Leser diese letzte Vision verdankt, ist jedenfalls davon überzeugt: „I have an idea that Gatsby himself didn't believe it [Daisy's telephone call] would come and perhaps he no longer cared." (S. 209) Auf seiner Luftmatratze im Wasser treibend, sieht Gatsby sich einer verwandelten Welt gegenüber: „... he had lost the old warm world, paid a high price for living too long with a single dream." An die Stelle der alten ist eine neue Welt getreten, „material without being real". Die alte, von dem einen, einzigartigen Traum erfüllte Welt war für Gatsby real, vertraut und sinngebend gewesen. Die neue Welt ist materiell, eine Welt des Faktischen, der kalten Wirklichkeit. Sie ist nicht real, weil sie keinen Sinn, keine Bedeutung mehr für ihn hat. In ihr sind die Dinge unvertraut, verfremdet, wie die groteske Rose oder die beängstigenden Blätter der Bäume. Gatsby friert im kalten Sonnenlicht, das auf den künstlich angelegten Rasen fällt. Die Vision, die hier heraufbeschworen wird, ist ein Schattenreich, wo Geister ihr Wesen treiben und der Tod in Gestalt Wilsons wie ein unheimliches Phantom zwischen schemenhaften Bäumen auf Gatsby zukommt.

Auch diese Textstelle weist Parallelen zu einer bekannten Dichtung von John Keats auf. In der 1819 entstandenen Ballade *La Belle Dame Sans Merci* (*Selected Poems,* S. 360 ff.) begegnet ein fahrender Ritter einer feenhaften Frauengestalt, verliebt sich in sie und nimmt sie auf seinem Pferd mit. Sie führt ihn zu einer Zaubergrotte und versetzt ihn in einen tiefen Schlaf. Im Traum erscheinen ihm die Geister anderer Opfer der Feenkönigin und beklagen sein Schicksal. Am Ende erwacht er und findet sich allein in einer kalten Herbstlandschaft auf einem Hügel wieder.

Es ist bekannt, dass Fitzgerald dieses Gedicht besonders schätzte. Matthew J. Bruccoli glaubt sogar, Gatsbys idealisierte Verehrung für Daisy könne auf Keats' Ballade und den mittelalterlich-romantischen „code of courtly love" zurückgeführt werden. (*Some Sort of Epic Grandeur*, S. 89 f.) Auf jeden Fall weist die Vision von Gatsbys Ende deutliche Anlehnungen an Keats auf. Wie die Bildersprache der Ballade spiegelt Fitzgeralds Metaphorik die Hinfälligkeit des aus der Verzauberung erwachten Liebenden und das Absterben seiner Hoffnung. Auffallende Parallelen sind etwa das verwelkte Schilfgras in der ersten und letzten Strophe („the sedge has wither'd from the lake"), das bei Fitzgerald als „scarcely created grass" wiederkehrt, oder Keats' „fading rose", aus der eine „grotesque rose" geworden ist.

Das Erwachen des Ritters aus dem Zauberschlaf ähnelt Gatsbys plötzlicher Ahnung einer illusionslosen Wirklichkeit:

I saw pale kings, and princes too,
Pale warriors, death-pale were they all;
They cry'd – 'La Belle Dame sans merci
Hath thee in thrall!'

I saw their starv'd lips in the gloam
With horrid warning gaped wide,
And I awoke and found me here
On the cold hill's side.

And this is why I sojourn here
Alone and palely loitering,
Though the sedge has wither'd from the lake,
And no birds sing.

Gatsbys neue Welt, bevölkert von „poor ghosts, breathing dreams like air" und einer „ashen, fantastice figure", ist das Gegenstück zum Albtraum des Ritters, ein Nachhall der „pale kings and princes" mit „starv'd lips […] gaped wide." Wie der Ritter erwacht auch er in einer metaphorischen Landschaft, in der es Herbst geworden ist und kein Vogel – hier ist natürlich auch an die Nachtigall zu denken (vgl. S. 45 f.) – mehr singt. Beide sind vereinsamt und hoffnungslos, gescheiterte Gralssucher, denen das Leben keinen Sinn mehr zu bieten hat.

Der Textvergleich zeigt, dass Gatsbys Schicksal für Fitzgerald in einen universellen mythologisch-literarischen Zusammenhang von Bezauberung, Liebe und Täuschung integriert ist. Es geht um ein Menschheitsthema, nicht nur um ein persönliches Problem. Daisys Liebe zu Tom, so meinte Gatsby in seinem letzten Gespräch mit Nick, „was just personal." (S. 198) Was sie für ihn bedeutete, ging über das Persönliche weit hinaus.

Verfilmungen

The Great Gatsby gehört einerseits zu den Romanen, die wegen ihrer szenischen Erzählstruktur für Umsetzungen in Bühnen- oder Filmversionen besonders geeignet sind. Andererseits setzt der Romantext durch seine metaphorische Komplexität einer visuellen Bearbeitung deutliche Grenzen. Es verwundert daher nicht, wenn alle bisherigen Versuche der Filmbranche, sich des Romans zu bemächtigen, nicht nur mit Beifall, sondern auch mit zum Teil heftiger Kritik bedacht worden sind.

Sieht man von Theater- bzw. Fernsehbearbeitungen sowie Musical- und Opernfassungen ab, bleiben vier Kinoversionen, von denen die zuletzt entstandene 3D-Produktion des Regisseurs Baz Luhrmann von besonderem Interesse ist. Von einem 1926 nach einer Bühnenfassung von Owen Davis gedrehten Stummfilm sind nur Bruchstücke erhalten, weil das Zelluloidmaterial nicht beständig genug war. Es existieren einige Standbilder, die jedoch keinen Vergleich mit dem Roman oder späteren Produktionen zulassen. 1949 kam ein von der Paramount-Filmgesellschaft hergestellter Schwarz-Weiß-Film mit Alan Ladd in der Titelrolle auf den Markt. Die Storyline weicht hier erheblich vom Roman ab, wobei die Gatsby-Daisy-Beziehung auf eine sentimentale Liebesgeschichte reduziert wird. Der Film wird dem Roman in keiner Hinsicht gerecht und ist inzwischen weitgehend vergessen.

Sehr bekannt ist die 1974 entstandene Paramount-Produktion des Regisseurs Jack Clayton mit Robert Redford (Gatsby), Mia Farrow (Daisy), Bruce Dern (Tom), Sam Waterston (Nick) und Lois Chiles (Jordan). Dieser aufwendige Film – die Produktionskosten lagen bei 6,5 Millionen Dollar – ist noch immer sehenswert und stellt eine opulent ausgestattete, atmosphärisch gelungene Umsetzung der Romanvorlage dar.

Zunächst fällt auf, dass sich der Drehbuchautor Francis Ford Coppola eng an Fitzgeralds Vorgaben zu halten versucht. Es gelingt ihm weitgehend, die Perspektive des Ich-Erzählers beizubehalten und auch einen Teil von dessen allgemeinen Betrachtungen, sei es als *voice-over* oder in Dialoge eingebettet, in das Skript zu integrieren.

Problematisch ist dagegen die Charakterdarstellung. Ohne Frage sind die Hauptrollen mit hervorragenden Schauspielern besetzt. Mia Farrow als Daisy wirkt glaubhaft durch ihre verführerische Wiedergabe eines verwöhnten Luxusgeschöpfes, aber die Regie gibt ihr wenig Gelegenheit, sich auch von der tragischen Seite zu zeigen. Robert Redford macht als Gatsby eine gute Figur, kann aber als romantischer Idealist kaum überzeugen. In den meisten Situationen wirkt er sehr zurückgenommen, fast statisch und wenig emotional. Mit am besten schneidet Bruce Dern in der Rolle Tom Buchanans ab. In der Plaza Hotel-Auseinandersetzung wie auch in der Partyszene in Myrtles Apartment tritt er mit der brutalen Überlegenheit des geborenen Siegers auf.

Die hauptsächlichen Einwände gegen den Film gelten dem Verhältnis von Gatsby und Daisy. Schon die Wiederbegegnung in Nicks Wohnung mit dem anschließenden Rundgang durch Gatsbys Palast gerät stellenweise an den Rand des Kitschigen. Anders als im Roman fehlt hier die von Nicks skeptischen Überlegungen ausgehende Spannung. Während der Leser im weiteren Verlauf der Handlung keinerlei Einzelheiten über das Zusammensein des Liebespaares erfährt, füllt der Film diese Lücke durch publikumswirksame Szenenfolgen aus, die zeigen sollen, dass hier zwei füreinander bestimmte Menschen nach langer Trennung am Ziel ihrer Wünsche angekommen sind. Es lässt sich nicht übersehen, dass Regisseur und Drehbuchautor Gatsbys illusionäre Vorstellung einer Wiederholung der Vergangenheit ignorieren. Sein unerreichbarer Traum wird im Film banale Wirklichkeit. Der Irrtum, dem er zum Opfer fällt und der dem Roman seine Tragik verleiht, wird in der Verfilmung durch eine dem populären Durchschnittsverständnis angepasste Romanze im üblichen Hollywoodstil ersetzt.

Großes Interesse bei Publikum und Kritikern hat die am 1. Mai 2013 in New York uraufgeführte Produktion des australischen Regisseurs Baz Luhrmann gefunden, mit der anschließend die 66. Internationalen Filmfestspiele von Cannes eröffnet wurden. Wie die Clayton-Version ist auch dieser Film mit großem Aufwand und hervorragenden Schauspielern gedreht worden. Kostenschätzungen liegen bei über 150 Millionen US-Dollar. Die Titelrolle ist mit dem Hollywoodstar Leonardo DiCaprio besetzt, Daisy wird von Carey Mulligan, Nick Carraway von Tobey Maguire und Tom Buchanan von Joel Edgerton gespielt. Das Drehbuch stammt vom Regisseur und ist in Zusammenarbeit mit Craig Pearce entstanden. Wie schon Jack Clayton verwendet auch Luhrmann weitgehend Originalschauplätze wie das Schloss Beacon Towers, im Film der Palast Jay Gatsbys, und das ebenfalls auf Long Island gelegene Herrenhaus Old Westbury Gardens, wo Tom und Daisy wohnen. Ein Teil der Außenaufnahmen wurde in Australien gedreht. Die Filmtechnik entspricht den modernsten Standards. Dazu gehören 3D-Projektion, neue Stereo-Soundtracks und spezielle Licht- und Farbeffekte.

Wie jede Gatsby-Verfilmung muss sich auch diese an der Romanvorlage messen lassen, und hier schneidet Luhrmanns Film besser ab als Claytons Version. Geboren aus einer langen, intensiven Beschäftigung mit Fitzgeralds Text hat Luhrmann das Verhältnis von Gatsby und Daisy in seiner psychischen und ideellen Tragik erfasst und dank der hervorragend ausgewählten Darsteller gekonnt umgesetzt. Wenn es dabei bisweilen zu technischen Exzessen kommt, so sind solche grandiosen Übertreibungen wie die sinnlosen Autowettrennen oder die chaotischen Partyszenen durchaus gerechtfertigt, vermitteln sie doch eindringlich die fiebrige Atmosphäre eines heißen New Yorker Sommers der 1920er-Jahre und treffen den Grundton, den Fitzgerald im Roman vorgegeben hat. Vor diesem Hintergrund erscheinen Gatsbys fantastische Illusion und Daisys menschliches Versagen völlig glaubhaft und das tragische Ende wird unausweichlich.

Das Problem der Erzählperspektive hat Luhrmann durch die Erfindung einer Rahmenhandlung überzeugend gelöst, indem er Nick seine Geschichte nachträglich in einem Sanatorium aufzeichnen lässt. Vom Anfang bis zum Schluss des Films wird so die Bedeutung der sprachlichen Fixierung betont. Durch Texteinblendungen können wichtige Zitate zwanglos eingefügt und symbolträchtige Bilder, wie etwa das grüne Licht, sprachlich als solche gedeutet werden. Im Ganzen gesehen hat dieser Gatsby-Film nicht nur als spektakuläres Kunstwerk, sondern auch als meisterhafte Umsetzung des Romans neue Maßstäbe gesetzt.

Filmszene aus *The Great Gatsby* (2013) mit Leonardo DiCaprio, Carey Mulligan und Joel Edgerton (von links)

Literaturhinweise

Primärtext

FITZGERALD, F. SCOTT: *The Great Gatsby*. Reclam: Stuttgart 1995. Kommentierte Ausgabe mit sprachlichen Erklärungen, Literaturangaben und einem Nachwort von Susanne Lenz.

Sekundärtexte

BRUCCOLI, MATTHEW J.: *Some Sort of Epic Grandeur. The Life of F. Scott Fitzgerald*. Cardinal, Sphere Books: London 1991. Ausführliche Biografie mit zahlreichen Illustrationen.

BRUCCOLI, MATTHEW J.: *F. Scott Fitzgerald's The Great Gatsby. A Literary Reference*. Carroll & Graf: New York 2002. Dokumentation und Quellensammlung zu Entstehung, Hintergrund, Rezeption und Wirkungsgeschichte des Romans.

LATHBURY, ROGER: *Literary Masterpieces Volume 1. The Great Gatsby*. Gale Group: Farmington Hills 2000. Monografie zu Entstehung, Thematik, Interpretationen, Sekundärliteratur. Enthält Auszüge aus wichtigen Artikeln über den Roman.

PARKINSON, KATHLEEN: *F. Scott Fitzgerald. The Great Gatsby*. Penguin Books: London 1987. Textnahe Analysen von Sprache, Symbolik und Charakteren.

CULLEN, JIM: *The American Dream*. Oxford University Press: Oxford, New York 2003. Übersichtliche historisch-chronologische Darstellung der Entwicklung einer nationalen Idee.

KEATS, JOHN: *Selected Poems*. Collins: London and Glasgow 1961. Enthält *Ode to a Nightingale* und *La Belle Dame Sans Merci*.

Ihre Meinung ist uns wichtig!

Ihre Anregungen sind uns immer willkommen. Bitte informieren Sie uns mit diesem Schein über Ihre Verbesserungsvorschläge!

Titel-Nr.	Seite	Vorschlag

Bitte hier abtrennen

Lernen • Wissen • Zukunft
STARK

Bitte hier abtrennen

Zutreffendes bitte ankreuzen! Die Absenderin/der Absender ist:

- ☐ Lehrer/in in den Klassenstufen: ____
- ☐ Fachbetreuer/in
  Fächer: ____
- ☐ Seminarlehrer/in
  Fächer: ____
- ☐ Regierungsfachberater/in
  Fächer: ____
- ☐ Oberstufenbetreuer/in
- ☐ Schulleiter/in
- ☐ Referendar/in, Termin 2. Staatsexamen: ____
- ☐ Leiter/in Lehrerbibliothek
- ☐ Leiter/in Schülerbibliothek
- ☐ Sekretariat
- ☐ Eltern
- ☐ Schüler/in, Klasse: ____
- ☐ Sonstiges: ____

STARK Verlag
Postfach 1852
85318 Freising

Kennen Sie Ihre Kundennummer?
Bitte hier eintragen.

Absender (Bitte in Druckbuchstaben!)

Name/Vorname

Straße/Nr.

PLZ/Ort/Ortsteil

Telefon privat

Geburtsjahr

E-Mail

Schule/Schulstempel (Bitte immer angeben!)

Unterrichtsfächer: (Bei Lehrkräften!)

23-V1P

Bitte ausfüllen und im frankierten Umschlag an uns einsenden. Für Fensterkuverts geeignet.

(Bitte blättern Sie um)